D1699561

M MUIN/WEIN Prophetie.
ZEHNTER MONAT: AUGUS..

G GORT/EFEU Spirale des Selbst, Selbstsuche.
ELFTER MONAT: SEPTEMBER — Seite 50

NG NGETAL/SCHILF direkte Tat.
ZWÖLFTER MONAT: OKTOBER — Seite 52

SS STRAIF/SCHLEHDORN keine Wahl, ganz gleich
wie unangenehm, reinigend — Seite 54

R RUIS/HOLUNDER das Ende im Anfang und der
Anfang im Ende. DREIZEHNTER MONAT: LETZTE
3 TAGE IM OKTOBER — Seite 56

A AILIM/WEISSTANNE hohe Ansichten und weite
Sicht — Seite 58

O OHN/STECHGINSTER gut im Sammeln, eine Elster — Seite 60

U UR/HEIDEKRAUT Verbindungen zum inneren
Selbst, Allheilmittel — Seite 62

E EADHA/ZITTERPAPPEL unterstützt
Wiedergeburt, verhütet Krankheit — Seite 64

I IOHO/EIBE Wiedergeburt und Ewigkeit — Seite 66

CH KOAD/HAIN alles Wissen erreich-   EA
bar; Vergangenheit, Gegenwart
und Zukunft; eine geheiligte Stätte — Seite 68

TH OIR/SPINDELBAUM Süße und   OI
Entzücken, plötzlicher Einblick — Seite 70

PE UILLEAND/GEISSBLATT   UI
verborgenes Geheimnis — Seite 72

PH PHAGOS/BUCHE   IO
altes Wissen, alte Schrift — Seite 74

XI MÓR/MEER Das Meer,   AE
Reise, mütterliche Bindungen — Seite 76

Murray

DAS KELTISCHE BAUM-ORAKEL

DAS KELTISCHE BAUM ORAKEL

EIN DIVINATORISCHES KARTENLEGESYSTEM

LIZ UND COLIN MURRAY

ILLUSTRIERT VON
VANESSA CARD

HUGENDUBEL

Aus dem Englischen von Karl Friedrich Hörner
Die Originalausgabe erschien unter dem Titel
The Celtic Tree Oracle
bei Eddison Sadd Editions, London

Das Foto auf S. 86 wurde mit freundlicher Genehmigung des
British Museum, London, abgedruckt.

CIP-Kurztitelaufnahme der Deutschen Bibliothek
Murray, Liz:
Das keltische Baum-Orakel / Liz u. Colin Murray. [Aus d. Engl.
von Karl Friedrich Hörner]. – München : Hugendubel, 1989
(Irisiana)
Einheitssacht.: The Celtic tree oracle ⟨dt.⟩
ISBN 3-88034-434-5
NE: Murray, Colin:

Umschlaggestaltung: Tillmann Roeder, München
Produktion: Tillmann Roeder, München
Satz: Uhl + Massopust, Aalen
Druck und Bindung: Mandarin Offset, Hong Kong

ISBN 3-88034-434-5

Printed in Hong Kong

INHALT

Danksagung		6
1	EINFÜHRUNG	7
2	DAS BAUM-ALPHABET	25
3	DAS DEUTEN DER KARTEN	78
4	FALLBEISPIELE	97

Anhang
Weitere Methoden in der Praxis
des Baum-Orakels 109
Der Keltische Kalender 113
Hintergrund-Informationen 123
Literaturhinweise 127

DANKSAGUNG

An erster Stelle möchte ich hier jene Menschen erwähnen, die einen erheblichen Beitrag zur Fertigstellung dieses Projektes geleistet haben: Gill danke ich für ihre Hilfe beim Abtippen der frühen Stadien des Manuskriptes; Suzanne und Bruce für ihre allgemeine Ermutigung und den dringend notwendigen praktischen Rat bei der Verarbeitung des Textes in späteren Stadien; Geraldine für ihr Verständnis und ihre Erfahrung als Schriftstellerin ebenso wie als Ogham-Kennerin, und Ian, der mir so geduldig, Seite für Seite, half, wie nur wenige Herausgeber es für ihre Erstlingsautoren tun würden. Ich möchte auch meinem Dank jenen drei Personen gegenüber Ausdruck geben, die so freundlich waren, mir zu erlauben, das Ergebnis der Orakel wiederzugeben, die Colin für sie gelegt hat, und die mir ihre Zeit schenkten, indem sie mich über weitere Ereignisse informierten, die sich in der Zwischenzeit begeben haben.

Dann gibt es noch so viele Menschen, denen ich »weniger speziell« Dank schulde. Ich bezweifle, daß ich ohne ihr weiteres Interesse und ihre Ermutigung die Arbeit an diesem Buch vollendet hätte. Und last, but not least, möchte ich meiner Familie, meinen Freunden, Nachbarn und den Menschen danken, mit denen ich arbeite – besonders Gary für seine Ausdauer!

Nach Colins Tod war ich sehr im Zweifel, ob ich überhaupt weitermachen könnte, ganz zu schweigen davon, ein Buch zu schreiben. Ohne das Wissen, das ich bereits von ihm gewonnen, und ohne die Arbeit, die er bereits geleistet hatte, wäre nicht einmal ein Anfang möglich gewesen. Aber durch die Unterstützung auch aller anderen Menschen konnte ich es zu diesem Abschluß bringen.

Liz Murray

EINFÜHRUNG

Was ist es, das erschaffen wurde von Ogma-Sonnengesicht, dem Allgewaltigen? Was ist es, das fünfmal fünf Finger hat, wie sonst fünf Hände? Was ist es, das erst in kleinen Schritten nach rechts geht, dann in kleinen Schritten nach links, dann diagonal, dann quer, um dann genau in einen Kranichbeutel zu passen? Was ist es, das mit Fingern und Daumen gegen die gerade Nase geformt wird? Was ist es, das mit Fingern und Daumen gegen das Schienbein geformt wird? Was ist es, das verborgen liegt in einem Gedicht wie ein Lachs im tiefen Wasser, um erst dann aufzusteigen, wenn der Eingeweihte ruft? Warum hat das große Tier MacVurich nicht die wilde Feige gegeben, die Espe vom Kreuz, die verkümmte Eibe, den Schlehdorn und den Efeu?

Wenn Sie das folgende Kapitel gelesen haben, werden Sie die Antworten auf diese Fragen kennen, die Ihnen im Augenblick gewiß noch wie eine Aneinanderreihung wirrer Worte vorkommen.

EIN URALTER GLAUBE

Lange bevor die Römer mit ihrem Heer, mit ihren Glaubensvorstellungen und allen Aspekten eines komplizierten bürokratischen Weltreiches nach Britannien einmarschiert sind, lebten hier die Kelten. Sie führten in Stammesgemeinschaften ein Leben, das eng verbunden war mit der alles durchdringenden Gegenwart von Elementarkräften und der

Natur selbst. Jede gesellschaftliche, jede Stammes-, Klan-
oder Familieneinheit braucht Stabilität, um sich selbst in
Beziehung zu bringen mit ihrer eigenen Vergangenheit, mit
Erinnerungen und künftigen Ereignissen, um eine unmittelbare Verbindung zu knüpfen mit den Kräften der Natur und
um das *praktische Gleichgewicht* der Gruppe auf einer
tagtäglichen oder unter den Gesichtspunkten vom Ablauf
der Jahreszeiten verstandenen Basis aufrechtzuerhalten.

Unsere Ahnen verstanden dies sehr wohl, und keiner
besser als die Kelten und Gälen, die auf der Suche nach
Neuland so weit von ihrer indoeuropäischen Heimat fortge-
zogen sind. Unter ihnen waren auch die speziellen Gruppen
weiser Alter, die die Aufgabe hatten, alles Wissen und alles
Erleben ihres Stammes in Verse zu fassen und in Erinnerung
zu halten durch mündliche Überlieferung vom Vater auf die
Tochter und von der Mutter auf den Sohn. Häufig waren es
ganz bestimmte Klans oder Familien, die traditionell die
Verantwortung für die Erhaltung solchen Wissens innehat-
ten. So wurden die Fäden der Geschichte und die Saga der
Stammesgruppe in der Vorstellung jedes Kindes und
Erwachsenen gleichermaßen wachgehalten, und in der
mündlichen Überlieferung spielte ein reicher Schatz symbo-
lischer Elemente eine wichtige Rolle.

Die Wissenden

Diese weisen Alten waren die Druiden, Ovaten und Barden. Die Druiden waren die Philosophen, Richter und
Berater der Stammesführer, die Ovaten waren die Gelehrten, und die Barden hatten die Aufgabe, ihre Führer durch
Musik und Dichtkunst zu loben und zu rühmen. Mit ihrem
konzentrierten System der Gelehrsamkeit, das in Irland als

Brehon-Gesetz (altirisches Gewohnheitsrecht) überlebte, gewannen sie gewaltige Macht und Einfluß, fast mehr noch als die Könige und Königinnen, denen sie dienten. Sie konnten verhältnismäßig leicht die Grenzen zwischen einander bekriegenden Stämmen und Gebieten passieren; später wurde ihnen das Tragen oder der Gebrauch von Waffen formell verboten. Ihre Position war aber so unumstritten, daß sie mit Worten allein ihre Feinde zu vernichten oder ihre Freunde zu ermutigen und zu stärken vermochten.

Die alten Druiden hatten eine besondere Verbundenheit mit der Natur. Sie erkannten, daß sich die Gestalt der Lebensrhythmen durch sorgfältiges Beobachten und strenges Befolgen des Jahreszyklus ergründen läßt.

Das Druiden-Alphabet

Während ihrer neunjährigen Ausbildung in speziellen Schulungsstätten, in denen Männer und Frauen in Gemeinschaften von bis zu 3000 Personen unterrichtet wurden, entwickelten die Druiden zahlreiche Techniken des Wahr- und Weissagens.

Die Druiden besaßen auch ein geheimes, hieratisches Alphabet, eine spezielle Methode zur gegenseitigen Kommunikation, die sich auf das Lernen durch Fragen und Antworten beschränkte und bestimmte symbolische Aspekte verkörperte. Das folgende ist ein frühes irisches Alphabet aus der Zeit von rund 600 v. Chr., das Ogham- oder Beth-Luis-Nuin-Alphabet. Die Buchstaben sind phonetisch in fünf Gruppen zu je fünf Lauten geordnet:

B L F S N

B-Gruppe (labiale)
(Dentale/Aspiraten)

H D T C Q

H-Gruppe

M G Ng Ss R

M-Gruppe (Gutturale)

A O U E I

A-Gruppe (Vokale)

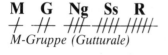

EA OI UI IO AE

Diese Buchstaben stehen gleichzeitig für die Kombinations-
konsonanten und Vokale CH   TH   PE   PH   XI

Jeder der 25 Buchstaben dieses Alphabets hat einen eigenen
Namen – den Namen eines Baumes, einer Pflanze oder von
Naturelementen wie Blitz oder Meer.

Das wird noch leichter nachzuvollziehen sein, wenn Sie
sich vor Augen halten, daß wir es mit einem Volk zu tun
haben, das in enger Verbundenheit mit der Natur und in
Übereinstimmung mit dem Zyklus der Jahreszeiten lebte,
mit einem Volke also, das den Geist in allem Lebendigen
erkannte.

Die Britischen Inseln waren damals noch von mächtigen
Wäldern bedeckt. Die Bäume erfüllten die menschlichen
Grundbedürfnisse nach Behausung und Brennstoff. Außer-
dem sind Bäume langlebig: Eichen können jahrhundertealt
werden, Eiben bis zu 2000 Jahre, und das Meer ist ewig in
lebendiger Bewegung. Man denke nur an all das Geschehen, von dem die Bäume in ihrem unbewegten Leben Zeuge
geworden sind, während alles Menschenwerk um sie herum
zerfiel und zu Staub wurde.

KURZINTERPRETATION DER OGHAM-ZEICHEN

B	BEITH/BIRKE ein neuer Anfang und Beginn, Reinigung. ERSTER MONAT: NOVEMBER
L	LUIS/EBERESCHE Schutz vor Zauberei, Kontrolle über alle Sinne. ZWEITER MONAT: DEZEMBER
F	FEARN/ERLE orakelhaft und schützend. DRITTER MONAT: JANUAR
S	SAILLE/WEIDE Nachtvision, Mondrhythmen, weibliche Aspekte. VIERTER MONAT: FEBRUAR
N	NUIN/ESCHE innere/äußere Welten verbunden, Makrokosmos und Mikrokosmos. FÜNFTER MONAT: MÄRZ
H	HUATHE/WEISSDORN reinigend, Schutz. SECHSTER MONAT: APRIL
D	DUIR/EICHE massiver Schutz, Tor zu Mysterien, Stärke. SIEBTER MONAT: MAI
T	TINNE/STECHPALME Bester im Kampf. ACHTER MONAT: JUNI
C	COLL/HASELSTRAUCH Intuition, geradewegs zur Quelle. NEUNTER MONAT: JULI
Q	QUERT/APFEL Auswahl von Schönem

M	MUIN/WEIN Prophetie. ZEHNTER MONAT: AUGUST
G	GORT/EFEU Spirale des Selbst, Selbstsuche. ELFTER MONAT: SEPTEMBER
NG	NGETAL/SCHILF direkte Tat. ZWÖLFTER MONAT: OKTOBER
Ss	STRAIF/SCHLEHDORN keine Wahl, ganz gleich wie unangenehm, reinigend
R	RUIS/HOLUNDER das Ende im Anfang und der Anfang im Ende. DREIZEHNTER MONAT: LETZTE 3 TAGE IM OKTOBER
A	AILIM/WEISSTANNE hohe Ansichten und weite Sicht
O	OHN/STECHGINSTER gut im Sammeln, eine Elster
U	UR/HEIDEKRAUT Verbindungen zum inneren Selbst, Allheilmittel
E	EADHA/ZITTERPAPPEL unterstützt Wiedergeburt, verhütet Krankheit
I	IOHO/EIBE Wiedergeburt und Ewigkeit

	CH	KOAD/HAIN alles Wissen erreichbar; Vergangenheit, Gegenwart und Zukunft; eine geheiligte Stätte	EA
	TH	OIR/SPINDELBAUM Süße und Entzücken, plötzlicher Einblick	OI
	PE	UILLEAND/GEISSBLATT verborgenes Geheimnis	UI
	PH	PHAGOS/BUCHE altes Wissen, alte Schrift	IO
	XI	MÓR/MEER Das Meer, Reise, mütterliche Bindungen	AE

Core Hazel's
Oghams

Die Kreisläufe der Zeit wurden mit dem Baum-Alphabet auf direktere Weise in Verbindung gebracht: durch die 13 Monate des keltischen Kalenders, die nach 13 der 25 Buchstaben benannt wurden. In dieser Hinsicht sind auch die symbolischen Attribute der Bäume von Bedeutung: Beith, Birke, z. B. repräsentiert einen neuen Anfang und ist der Baum des ersten Monats im keltischen Jahr, des November. Duir, die kräftige, fruchtbare Eiche, steht für Mai, der mit dem Fruchtbarkeitsfest Beltanes beginnt. Ihm geht der April voraus, der Monat des keuschen Weißdorn, Huathe.

Das Baum-Alphabet war bis ca. 700 n. Chr. in Gebrauch, vielleicht sogar noch ein wenig länger im Verborgenen der Klöster der frühen keltischen (Culdee-)Kirche. Das Alphabet diente allein symbolischen Zwecken und nicht der Aufzeichnung von Sprache oder Kommunikation im modernen Sinne dieser Begriffe. Vielmehr verbanden sich mit jedem Buchstaben eine Vielzahl von Vorstellungen, Begriffen und Gedanken, die sich auf die keltische Weltanschauung und Philosophie bezogen.

Es folgt nun eine Liste der Buchstaben und ihrer symbolischen Assoziationen mit deren antiken und modernen Namen und einer knappen Erklärung. Eine ausführlichere Darstellung findet sich im Kapitel *Das Baum-Alphabet*.

Gestaltung der Buchstaben

Die Lettern des Baum-Alphabets wurden im allgemeinen als eine Reihe von Kerben auf Holzbrettchen oder -stäbe gesetzt. Eine wesentlich weiterentwickelte Form zeigt diese Stöckchen in einem festen, rechteckigen Rahmen, in dem sie zum Rotieren gebracht werden konnten und einer Art Mantra ähneln – wie eine tibetische Gebetsmühle. Ogham wurde auch in Steine geritzt; dabei diente die Kante des Steins als Stammlinie, und die Buchstaben verliefen in der Regel von unten nach oben. Mehr als 360 solcher Steine sind in Irland, Wales, Südengland, auf der Insel Man und in Schottland erhalten.

Eingeweihte konnten geheime Botschaften miteinander tauschen, indem sie Ogham als eine Zeichensprache verwendeten. Beim Hand-Ogham wurde die Kommunikation möglich, indem man auf die Fingergelenke zeigte, die mit jedem Buchstaben assoziiert wurden (siehe Abbildung), oder indem man den Buchstaben mit den Fingern andeutete.

Ähnlich waren auch Nasen-Ogham und Schienbein-Ogham in Gebrauch, bei denen man mit den fünf Fingern einer Hand die querliegenden Striche der Buchstaben an die Gerade von Nasenrücken oder Schienbein legte. Natürlich konnten auch komplexere Inhalte durch die Form der Lettern übermittelt werden, die also nicht nur zum Buchstabieren verwendet wurden. So konnte man leicht in Gegenwart anderer eine Unterhaltung miteinander pflegen und zugleich Signale vermitteln, die ganz anderes zum Inhalt hatten. Dieses Kommunikationsverfahren gab den Druiden tatsächlich soviel Macht, daß königliche Erlasse ergingen, die verhindern sollten, daß sie Ogham weiter gebrauchten.

Vermutlich entwickelte jede Druidenschule ihre eigene Version der Bedeutungen von Beth-Luis-Nuin, was etwa örtlichen Dialekten entsprochen haben mag. Manche Dichter, zum Beispiel Morann Mac Main und Mac Ind Oic, werden mit ihrer eigenen Letternversion assoziiert.

VOLKSTUM UND MAGIE

Um die Macht des Ogham zu verstehen, muß man sich klarmachen, daß es mehr ist als nur ein Mittel zur Kommunikation. Es ist auch einer der Schlüssel, die die Tür zu einer Parallelwelt des Wissens, der Bedeutungen und Assoziationen öffnen. Um an dieses Wissens-Reservoir zu gelangen, muß man einen Symbol-Code anwenden. Es geht darum, daß das Unterbewußte – das Gruppenbewußtsein, die gesammelte Erfahrung der menschlichen Existenz mit allem, was dazugehört – seine Geheimnisse nicht preisgeben wird, solange nicht eine Nachricht-bergende Technik ersonnen wird, die im Gebrauch zum automatischen und intuitiven Werkzeug in den Händen dessen wird, der sie einsetzt.

Da Ogham nur einen der Schlüssel für den Zugang in diese Welt des Volkstums und der Magie darstellt, ist es notwendig, einen kurzen Blick auf einige der weiteren Methoden zu werfen, die von den Priester-Druiden als Symbolsprache verwendet wurden.

Taghairm

Der Seher hüllte sich in die Haut eines Stiers, fiel in Trance und beschwor durch verschiedenartige, extreme Methoden – wie das Durchbohren von Katzen – die Geister, ihm zu Hilfe zu kommen.

Imbas-Forosnai

Trance, die durch den Genuß vom Fleisch eines weißen Stiers hervorgerufen wurde, den man an der Wintersonnen-

wende rituell schlachtete. Während der Seher schlief, wurde
er besungen.

Omen aus der Bewegung von Tieren und Vögeln

Wenn man sich im geeigneten Trancezustand oder im hyp-
notischen Halbschlaf befindet, könnte man heute noch
Omen aus dem Flug der Vögel, besonders von Zaunkönig,
Rabe und Kranich ableiten. In Wales wurden Adler allgemein beobachtet. Der Hase gilt oft als Phönix der Kelten,
weil er als letzter vom brennenden Stoppelfeld floh, nachdem die letzte Garbe geschnitten wurde. Sein Fluchtweg
wurde genau beobachtet und im Sinne von Vorhersagen
gedeutet. Boudicca drückte sich einen Hasen ans Herz, ließ
ihn dann laufen und beobachtete seinen Weg auf eine
verborgene Botschaft hin, die ihr bei ihrem Kampf gegen die
römischen Eindringlinge half.

Heilige Feuer

Sie wurden entzündet, damit man aus der Beobachtung der
Gestalt der Rauchsäule und der entstehenden Rauchwolken
Schlüsse ziehen konnte.

Scapulimantie

Das Weissagen aus Schulterblättern. Dabei betrachtete man
die glatte Innenseite des gesäuberten Schulterblattknochens
und teilte ihre Oberfläche in bestimmte Zonen und Bereiche
auf; aus den Resultaten wurden Geschehnisse vorausgesagt.

Coelbreni

Die Omen-Stäbchen. In die Stäbchen wurden Ogham-Buchstaben geschnitten, dann warf man die Stöckchen auf die Erde und weissagte aus der Art, wie sie zu liegen kamen.

Schwimmende Namen

Namen oder Buchstaben, die auf Papier oder Birkenrinde (das keltische Äquivalent des Papyrus) geschrieben waren, wurden auf das Wasser in einer Schale gelegt. Wer unterging, hatte Pech, wer auf der Wasseroberfläche blieb, war der Glückliche. Der heilige Patrick verwendete diese Methoden im 5. Jahrhundert bei einer seiner schändlichen Kraftproben gegen die Druiden Irlands: Bücher wurden ins Meer geworfen, und jene, die nicht sofort untergingen, sollten als die überlegenen gelten. Die Bücher der Druiden sanken, die Schriften Patricks blieben oben – was lediglich beweist, daß die Bücher der Druiden schwerer wogen.

Talismane

Hierzu gehörten Steine und das sogenannte Druidenei. Glückssteine wurden ins Wasser geworfen, das daraufhin Heilkräfte vor allem für das Vieh entfaltete, von dem Erfolg und Wohlstand abhingen. Das Druidenei hielt man für ein so mächtiges Glückssymbol, daß ein römischer Edelmann ums Leben gebracht wurde, weil er während eines Gerichtsverfahrens ein Druidenei trug. Man warf ihm vor, einen unfairen Vorteil gegenüber seinem Opponenten mitzubringen.

Solche Methoden und Praktiken der Weissagung zeigen, daß es recht verbreitet war – und noch immer ist –, die Welt als einen magischen Ort zu betrachten. Die Gegenstände in ihr kann man unter besonderen Umständen und in einem besonderen Gemütszustand ansehen, und dann helfen sie dem Betrachter, Einblick in das Gefüge der Probleme zu finden, die ihn gerade bekümmern. Die Umstände müssen jedoch die richtigen sein und die Situation möglichst ähnlich, damit die Erfahrung von früher auch Anwendung finden kann.

Es war auch von Bedeutung, daß diese Rituale zu den besonderen Zeiten im Jahreslauf durchgeführt wurden, wenn die göttlichen Kräfte leichter ansprechbar waren. Zu solchen Terminen gehörten die vier Feuerfeste, die Sonnenwenden und die Tag-und-Nacht-Gleichen. Diese Zeiten markierten die Höhepunkte im landwirtschaftlichen Jahr – Pflügen, Säen, Wachsen und Ernten –, an denen die Vorzeichen besonders stark waren, denn das Wohlergehen des Stammes hing von einem guten Ertrag und der Einlagerung von genügend Fleisch ab; man mußte ja für die harten Wintermonate gerüstet sein.

DIE WURZELN DES OGHAM

Vieles von dem, was wir heute über Ogham wissen, stammt aus dem *Buch von Ballimote*, geschrieben im 14. Jahrhundert, und aus anderen Manuskripten, die beim Unterricht in mittelalterlichen Schulen für klassische Dichtkunst Verwendung fanden und aus noch früheren Texten und mündlichen Überlieferungen zusammengestellt worden waren. Dieses Material wurde zu Beginn unseres Jahrhunderts von George Calder, einem Professor für keltische Forschungen an der Universität Glasgow, übersetzt.

Nach Calder wurde Ogham von Ogma-Sonnengesicht ersonnen, archetypischer, keltischer Vatergestalt und Sonnengott: »Nun erfand Ogma, ein Mann, geschickt in Sprache und Dichtkunst, den Ogham. Der Grund seiner Erfindung sollte der Beweis für seine Genialität sein, daß seine Sprache allein den Gelehrten gehöre und die Bauern und Hirten ausschließe.«

Die Wort-Oghams von Mac Ind Oic und Morann Mac Main mit ihrer individuellen Interpretation der Buchstabenbedeutungen werden im Handbuch Calders vollständig wiedergegeben. Es werden auch zahlreiche Abweichungen der Buchstabenformen gezeigt – vermutlich ausgedacht, um Geheimhaltung des Inhalts zu gewährleisten, oder ein Merkmal der verschiedenen Schulen. In manchen Fällen wurden Buchstaben durch andere ersetzt, zum Beispiel Vokale durch C, C durch A, Cc durch O usw. Oder die Buchstaben wurden auf andere Weise gezeichnet. Die folgende Abbildung zeigt die Bustabenreihe B L F S N in einigen der bekannten Varianten:

Die traditionelle Lehrmethode der Vermittlung von Ogham durch Fragen und Antworten wurde auch in der Fibel beibehalten. Ein Beispiel ist:

»Wie viele Unterteilungen beim Ogham gibt es, und welche sind es?«

»Nicht schwierig. Vier: B-fünf, H-fünf, M-fünf, A-fünf und die Diphthonge.«

Das Alphabet wurde ferner als Lernmodell oder mnemonisches Verfahren zur Vermittlung anderer Fakten gebraucht, diente aber auch als spirituelle Richtlinie.

Der heilige Kranich

Eine andere Quelle der Schöpfung von Ogham untersucht Robert Graves in seiner Arbeit *The Crane Bag*, einem Resultat seiner langen Suche nach der Weißen Göttin. »Die griechischen Mythographen schrieben einem Dichter des Trojanischen Krieges zu, dem Palamedes, Sohn des Nauplius (›Uralte Weisheit, Sohn des Steuermanns‹), jene Buchstaben erfunden zu haben, die nicht bereits von der dreifachen Göttin erfunden waren. Seine Inspiration, so heißt es, erhielt er aus der Beobachtung des Fluges einer Schar Kraniche, ›die Buchstaben formten, während sie am Himmel vorüberzogen‹.« Das ist ein Hinweis auf die langen Beine der Vögel, die sich im Fluge hinter den Kranichen kreuzten und mit den ausgebreiteten Flügeln ähnliche Gestalten bildeten wie die Lettern des Ogham-Alphabets.

»Kranich-Wissen« ist also das geheime und verborgene Wissen des Baum-Alphabets. Der heilige Columba war bekannt als Kranich-Geistlicher. Er war in einer Druidenschule ausgebildet worden und hatte alle Lettern vom Oberdruiden gelernt, indem er jeden Tag einen besonderen Kuchen verzehrte, der jeweils mit einem weiteren Ogham markiert war – ein angenehmer und sehr direkter Weg, sich Wissen einzuverleiben.

Graves gibt auch aus einem frühen irischen Text den Mythos über Manannan, den Meergott, wieder, der einen Beutel aus der Haut eines heiligen Kranichs besaß. In diesem Beutel trug er die Schere des Königs von Schottland, den Helm des Königs von Lochlainn, die Knochen von Assails Schwein, Goibnes Schmiedehaken, sein eigenes Hemd und einen Streifen vom Rücken des großen Wals.

Der Kranichbeutel bezieht sich, wie wir bereits feststellten, auf die Geheimnisse des Baum-Alphabets, dessen erste

20 Buchstaben sich aufgrund ihrer einfachen Gestalt leicht mit den Fingern zeigen und als geheime Zeichensprache gebrauchen ließen. In seiner frühesten Form – bekannt als Consaine-Ogham – bestand das Alphabet nur aus Konsonanten, denen später die vierte Gruppe (die A-Gruppe der Vokale) hinzugefügt wurde. Wie Graves uns enthüllt, sind die Gegenstände im Beutel Manannans ein verborgener Hinweis auf die Gestalt der letzten fünf Buchstaben des Ogham, die fünfte Gruppe, die aus dem Griechischen abgeleitet wurde und zusätzliche Laute einführte, die bisher noch gefehlt hatten. Auch sie eignen sich zur Wiedergabe mit Hilfe der Hände:

Zwei überkreuzte Finger zeigen die Schere; aneinandergelegte Finger- und Daumenspitzen bilden den Helm; gekreuzte Fingerpaare zeigen die Knochen; ein gebogener Finger ist der Haken, und die kreuzweise übereinanderliegenden Finger beider Hände bilden das Gewebe des Hemdes. Und der Walrücken? Er bildet die weite, leicht gekrümmte Horizontlinie über dem Meer, die Grundlinie, auf der alle Buchstaben liegen müssen.

Das Wissen des Kranichbeutels, wie es die Deutung von Robert Graves zeigt, ist ein gutes Beispiel des poetischen Blicks, dessen es bedarf, um die Betrachtungsweise der alten Dichter und Barden nachzuvollziehen und ihr Denken zu verstehen.

Volksdichtung

Ende des 19. Jahrhunderts stellte Alexander Carmichael eine Sammlung der mündlich überlieferten Dichtungen und Lieder aus dem ganzen Gaeltacht, den gälisch sprechenden

Teilen von Westschottland, den Highlands und Inseln, zusammen. Ein Beispiel für Zitat und Analyse aus den *Carmina Gadelica*, wie er seine Sammlung nannte, zeigt auf wunderbare Weise, wie die geheime Ogham-Zeichensprache durch die verschiedenen Zweige der Volksdichtung überliefert wurde. Der Text wurde von Generation zu Generation mündlich überliefert, und während sein Sinn dem verschlossen bleibt, der nicht zur Gruppe der Wissenden gehörte, wird er demjenigen recht deutlich, dem man den besonderen symbolischen Aspekt des Baum-Alphabets erklärt.

Diese Geschichte – »Der große MacVurich und das Ungeheuer« – erzählt, wie MacVurich das Junge eines großen Zaubertieres fängt und sich für seine Freigabe von diesem einen Lohn aushandelt. Teil des Lösegeldes ist der Bau eines Hauses: »Daß du mir ein Wohnhaus baust mit neun Verbindungen [Balken] im Dache, gedeckt mit Vogelfedern, und keine zwei Federn desselben Farbtons.« Während das Zaubertier arbeitete, sang es ein Lied, und die letzte Strophe seines Liedes lautete:

Jedes Holz im Walde, außer der wilden Feige,
Jedes Holz im Walde, außer der wilden Feige,
Jedes Holz im Walde, zum Hause des Verrats,
außer der Espe vom Wegkreuz und der wilden Feige.

(Eine andere Version nennt Eibe, Schlehdorn und Efeu.) Als das Haus fertig ist, gibt MacVurich froh das Junge des Tieres frei.

Das Ende der Geschichte erscheint dem Leser, der mit Ogham nicht vertraut ist, unverständlich und wenig folgerichtig. Oberflächlich betrachtet, scheint MacVurich erreicht zu haben, was er wollte: das Ungeheuer hat ihm sein Zauberhaus gebaut aus dem Holz der meisten Bäume im

Wald. Wir aber sollten es besser wissen: Wie steht es mit den Bäumen, die ausgelassen wurden? Die Bedeutung dieser Bäume ist laut Ogham nämlich folgende:

Wilde Feige	ein importierter Baum, Fruchtbarkeitssymbol
Espe (Zitterpappel)	Schutz gegen Krankheit und Tod, unterstützt Wiedergeburt
verkrümmte Eibe	mit dem Übergang der Seele von einem Leben ins nächste assoziiert
Schlehdorn	Entschlossenheit; das, dem gefolgt werden muß
Efeu	Selbstwissen

Mit diesen Informationen wollen wir uns nun wieder dem Gedicht zuwenden. Indem es diese Hölzer beim Bau des Hauses nicht verwendete, versagte das Tier MacVurich Fruchtbarkeit, die Chance, in ein besseres Leben wiedergeboren zu werden, den Mechanismus, der die Wiedergeburt erreicht, sowie Entschlossenheit und das Selbstwissen, die notwendig wären, um sie zu erlangen.

Wer hat also das bessere Geschäft gemacht? Ohne Kenntnis des Ogham würde man meinen, daß MacVurich alles bekommen hat, was er wollte, aber das Ungeheuer hat ihn schlau hinters Licht geführt, indem es ihm scheinbar ein Leben in Wohlstand verschaffte, aber Armut und Elend fürs nächste bestellte. Der Charakter jedes Baumes, der vom Tier für den Hausbau verweigert wurde, reduziert den Tauscherlös bis zur totalen Wertlosigkeit.

Diese kurze Einführung in das keltische Wissen über die Bäume des Waldes sollte einen Einblick gewähren in die Art und Weise, wie Baumwissen dargestellt wurde und sich nur denen offenbarte, die das nötige Verständnis besaßen.

DAS BAUM-ALPHABET 2

EINFÜHRUNG

Die Wichtigkeit von Bäumen im täglichen Leben der Kelten wurde bereits erwähnt, und so läßt sich leicht verstehen, wie sie mit Philosophie und Religion verwoben wurden, wobei einzelne Arten ausgewählt wurden, je nachdem, wie man ihre natürlichen Eigenschaften als Ausdruck spiritueller Aspekte verstand. Einige der Ogham-Bäume sind auf den britischen Inseln heimisch, während andere – zum Beispiel die Weinrebe – ursprünglich eingeführt wurden. Interessanterweise jedoch ist die Birke, der erste Baum der Kelten, tatsächlich der Baum, der schon am frühesten auf den britischen Inseln Wurzeln faßte.

Nach dem Brehon-Gesetz hatten die Bäume des Ogham-Alphabets unterschiedliche Ränge inne; es gab insgesamt drei Kategorien: Häuptlinge, Bauern und Sträucher. Diese Bezeichnungen hatten allerdings mehr mit der symbolischen Wichtigkeit jedes Baumes für die Druiden als mit der tatsächlichen Form seines Wuchses zu tun.

Die Mistel zum Beispiel ist ein Häuptling, weil sie für die Druiden eine sehr wichtige Pflanze war; trotzdem erscheint sie nicht als eigenständiger Baum im Alphabet, sondern teilt einen Buchstaben mit dem Heidekraut. Der römische Autor Plinius schrieb über die Mistel, die er auf einer Eiche wachsend fand: ».. . man findet sie jedoch nur selten; dann aber nähert man sich ihr mit großer Achtung und grundsätzlich, wenn der Mond sechs Tage alt ist . . .« Solche Klassifizierungen befinden sich auch auf den Karten, und zwar in Form roter Punkte: drei Punkte – Häuptling, zwei Punkte – Bauer, ein Punkt – Strauch.

Die auf 13 der beiliegenden Karten erscheinenden Zahlen zeigen an, daß die Karten und Bäume sich auf die 13 Monate des keltischen Jahreslaufs beziehen, der am 1. November beginnt (weitere Einzelheiten in Kapitel 1). Man kann diese Zahlen also verwenden, um bei der Deutung eines Orakels gewisse Zeitangaben zu machen (siehe Kapitel 3). Die Assoziationen, die die alten Barden zu den Zahlen eins bis dreizehn kannten, seien hier aufgeführt und sind vielleicht für numerologisch Interessierte von Bedeutung.

1 Einheit und Reinheit
2 Dualität und Polarität – wie oben, so unten
3 Trinität
4 kosmischer Würfel, rechte Winkel
5 Kontrolle der Seele
6 Zeit
7 Mond, nächtliche Träume, Fruchtbarkeit
8 der Jahreszyklus, Läuterung
9 Weisheit und Wissen
10 Prophetie
11 Mutterschaft und Fruchtbarkeit
12 königlicher oder göttlicher Zweck
13 Wiedergeburt und Seelenwanderung

Bei der Gestaltung der Karten sind auch die Farben berücksichtigt, die mit den verschiedenen Bäumen assoziiert werden; einige von ihnen sind hier mit ihren gälischen Namen angegeben:

Beith – Weiß; *Luis* – Grau und Rot; *Fearn* – Karmesinrot; *Saille* – »sorcha«, hell; *Nuin* – »necht«, Flaschengrün.

Huathe – Purpur; *Duir* – Schwarz und Dunkelbraun; *Tinne* – Dunkelgrau; *Coll* – »cron«, Braun; *Quert* – Grün; *Muin* – »mbracht«, Buntscheckig; *Gort* – »gorm«, Himmelblau; *Ngetal* – Grasgrün; *Straif* – Purpur; *Ruis* – Rot; *Ailim* – Hellblau; *Ohn* – Gelbgold; *Ur* – Purpur; *Eadha* – Silberweiß; *Ioho* – Dunkelgrün.
Koad – viele Grüntöne; *Oir* – Weiß; *Uilleand* – Weißgelb; *Phagos* – Orangebraun; *Mór* – Blaugrün.

Jetzt wollen wir langsam durch den keltischen Wald schreiten und vor jedem Baum, wie er uns begegnet, haltmachen, um einen nach dem anderen genauer zu betrachten.

BEITH

Jedes Jahr hat einen neuen Anfang und so auch das keltische Jahr. Es beginnt am 1. November, nach den Feiern von Halloween oder Allerheiligen – nach Samhain, wie es früher hieß. Das keltische Jahr hat 13 lunare Monate, und jeder ist nach einem Baum benannt. Auf Mannin, der Insel Man vor der Westküste Schottlands, wurden Verbrecher früher zeremoniell mit der Birkenrute gezüchtigt, um alle bösen Einflüsse auszutreiben. Erst in den letzten Jahren wurde diese Praxis aufgegeben, und dabei haben die modernen Strafreformer die religiösen und spirituellen Aspekte der Birkenrutenzüchtigung nicht bedacht. Auch das neue Jahr konnte nicht beginnen, bevor nicht das alte abgeschlossen und alle bösen Einflüsse vertrieben waren.

Betrachten wir den keltischen Wald, wie er einst alle britischen Inseln bedeckte, so fällt uns die Birke als anmutiger, schlanker Baum mit ihrer charakteristischen, weißen Rinde ins Auge. Das Weiß zeigt Reinheit und Entschlossenheit zur Überwindung von Schwierigkeiten.

Diese Karte zu ziehen, bedeutet also, daß ein neuer Anfang wahrscheinlich ist. Bevor dieser sicher in Angriff genommen werden kann, müssen jedoch alle alten Vorstellungen, behindernden Einflüsse und schlechten Gedanken abgelegt werden. Wenn Sie Ihre spirituelle Reise

BIRKE

mit diesem Baum als Führer antreten, dann richten Sie
Ihren Sinn aus nach dem sich vor Ihnen emporstreckenden,
schlanken Weiß des Baumes, das sich deutlich abhebt von
dem grauverschlungenen Unterholz, von dem Gewirr der
Sträucher und dornigen Büsche, die den Waldboden bedek-
ken und den Weg behindern könnten.

Die Reise muß ein Ziel haben, das verstanden sein will,
bevor Sie Ihren Weg antreten. Das Bild des angestreb-
ten Zieles sollten Sie im Sinn behalten, so daß Sie von Ihrem
Weiterkommen keine Ablenkungen abbringen können.
Wenn Sie die Karte jedoch kopfstehend ziehen, ist dies
vermutlich nicht die geeignete Zeit für einen Neubeginn. Es
mag Probleme geben, die zuerst zu bereinigen sind, bevor
der Weg sich öffnet und eine Richtung zu bestimmen ist.

LUIS

Die Eberesche steht schon lange im Ruf, gegen Zauberei zu schützen. Ihr englischer Name *rowan* ist verwandt mit dem nordischen *runa*, ein Zauber, und dem Sanskritwort *runa*, das Zauberer bedeutet. Runenstäbe, d. h. Stöcke, in die Runen geritzt sind, wurden aus Eberesche hergestellt. Weiterhin wurde das Holz dieses Baumes traditionell verwendet, um Metall aufzuspüren, wie man Haselruten nimmt, um Wasser zu suchen. Zusammen mit bestimmten weiteren Bäumen spielte die Eberesche eine zentrale Rolle bei den Zeremonien der Druiden. Selbst in jüngerer Zeit finden sich solche Vorstellungen noch in Praktiken, die in verschiedenen Teilen Britanniens geübt werden. Im Norden beispielsweise wurde Ebereschenreisig an die Stallungen gebunden, um die Tiere vor Schaden zu bewahren, und in Strathspey trieben die Bauern ihre Ziegen durch Reifen, die mit Ebereschenreisern umwunden waren. Zweige wurden über dem Hauseingang befestigt, oder man trug sie bei sich, um sich gegen den bösen Blick und anderen Zauber zu schützen. In Wales oder Cymru pflegte man Ebereschen auf Kirchhöfe zu pflanzen, die über die Geister der Toten wachen sollten – wie die Eibe andernorts.

EBERESCHE

Betrachten Sie eine rote Ebereschenbeere, und Sie werden feststellen, daß sie – im Gegensatz zu vielen anderen Früchten, die nur eine runde Vertiefung oder ein Grübchen gegenüber ihrem Stiel zeigen – an dieser Stelle einen winzigen, fünfzackigen Stern trägt, ein Pentagramm – das uralte magische Symbol des Schutzes. Wenn die Gefahr besteht, daß Sie »verzaubert«, manipuliert oder hypnotisiert werden durch schädliche oder fesselnde Kräfte, dann müssen Sie bei klarem Verstand bleiben. Wenn Sie diese Ogham-Karte ziehen, wird es Ihnen helfen, die Kontrolle über Ihre Sinne zu behalten, so daß Sie Gut und Böse unterscheiden können und Ausbeutung von Hilfe, indem Sie Ihre spirituelle Kraft einsetzen, um alles abzuwenden, das Ihren Gleichmut und Ihr Ziel bedroht.

Wenn Sie die Karte umgekehrt ziehen, müssen Sie sich klarmachen, daß es nicht nötig ist, sich von allem beeinflussen zu lassen, was Ihres Weges kommt. Sie müssen von Verstand und Intuition Gebrauch machen, um das eine vom anderen zu unterscheiden und so geschützt zu sein.

FEARN

Die Erle ist wie die Weide ein Baum, der das Wasser liebt. Ihr Holz ist ölig und wasserabstoßend, deshalb wird es viel für Fundamentierungen unter Wasser verwendet. Teile von Venedig und viele Kathedralen des Mittelalters wurden auf Erlengerüste und -balken gebaut. Bran der Gesegnete oder Bendegeit Bran ist der Gott, der mit diesem Baum des Ogham-Alphabets assoziiert wird. Er soll mit seinem Körper den Fluß Linon überspannt und eine Brücke gebildet haben, über die seine Anhänger die gefährlichen Wasser überqueren konnten; gleiches leistet die Erle, indem sie Bauholz für Brücken liefert. In der Schlacht gegen die Iren tödlich verwundet, prophezeite Bran, was nach seinem Tode geschehen würde, und forderte seine Anhänger auf, den Kopf von seinem Leichnam abzuschneiden und mitzuführen. Sie zogen nach Harlech, wo der Kopf sieben Jahre lang sang, dann nach Gwales, und der Kopf blieb unversehrt und prophezeite weiter. Schließlich ließen sie sich in London, Caer Llyndain, nieder und begruben Brans Kopf am weißen Berg Bryn Gwyn, wo heute der Tower von London steht. Es hieß, solange der Kopf von Erde bedeckt bleibe, würde er vor der Heimsuchung von jenseits des Meeres schützen. König Arthur, heißt es ferner, habe ihn einmal ausgegraben – eine unkluge Tat, denn dann überrollten die Sachsen das Land.

ERLE

Der Name Bran bedeutet Rabe, und bis zum heutigen Tage wird an die Macht von Brans Haupt erinnert durch die Sage, die sich um die Raben des Towers rankt. Man versorgt sie besonders aufmerksam, weil man glaubt, daß das Reich vor Angriffen geschützt sei, solange die Raben auf dem Gelände des Towers bleiben. Selbst als 1834 die königliche Menagerie vom Tower in den Regents Park verlegt wurde, ließ man die Raben absichtlich zurück, um diese Prophezeiung aus der Vergangenheit zu respektieren und zu gewährleisten, daß sie auch noch in Zukunft Gültigkeit hat.

Der Rabe wird als Vogel geachtet, dem prophetische Gaben gegeben sind. Der Flug und die Rufe vieler Vogelarten wurden von den Druiden beobachtet, um daraus Weissagungen zu stützen. Der Rabe aber soll besondere Orakelkräfte besitzen, da er allgemein als besonders aufmerksames, intelligentes und wissendes Tier gilt. Wenn Sie die Karte der Erle ziehen, kann Ihnen dies helfen, spirituellen Schutz in Auseinandersetzungen zu finden – wie Bran nach der Schlacht seinen Anhängern Schutz bot, als sie Ruhe suchten, aber auch Orakelkraft, da er zu ihnen über ihre künftigen Reisen und Taten sprach und Weisungen gab.

Ziehen Sie diese Karte umgekehrt, bedeutet sie, daß man ein mangelndes Gespür für die Notwendigkeit hat, sich bei Auseinandersetzungen zu schützen. Geleit des Orakels bietet sich an.

SAILLE

Im Baum-Alphabet steht die Weide für die femininen und lunaren Rhythmen des Lebens. Sie sucht das Wasser und blüht mit Vorliebe an den feuchten Rändern von Seen und Bächen, oder sie steht auf den tiefgelegenen Feuchtwiesen. Wasser und die Bewegung der Gezeiten im Meer unterstehen der Anziehungskraft des Mondes. Der Mond ist mit seinen monatlichen Phasen weiblich – im Gegensatz zur männlichen Sonne mit dem Tages- und Jahreskreislauf. In mancher Hinsicht wurden Frauen bei den Kelten höher geachtet als bei uns heute. Auf materieller Ebene galt die Frau als Eigentümerin eines Besitzes, und wer die Kontrolle über den Besitz hatte, besaß auch die Kontrolle über die Ehe. Frauen aller Typen und Lebensalter finden sich im Götterhimmel der Kelten; die spirituelle Kraft und die lebensspendenden weiblichen und männlichen Eigenschaften wurden gleichermaßen anerkannt. Es gab viele Schulen für Druidinnen – gelehrte Frauen und Lehrerinnen –, die besonders aufgrund ihrer Sehfähigkeit respektiert wurden, die sich durch Träume oder nächtliche Visionen offenbarte.

Die Göttin Brigit – zu ihren Attributen gehört auch die Gabe des Sehens – wird mit einem Feuerfest im Monat der Weide geehrt.

WEIDE

Dieses Fest, Imbolc oder Brigantia, ist eines der beiden weiblichen im jährlichen Zyklus der vier Feuerfeste. Die Weide ist überdies der Mondgöttin heilig, die diesen Monat regiert. Die Weide bietet Schutz vor Krankheiten der Feuchtigkeit und Nässe, und im Volkswissen finden sich zahlreiche Hinweise auf die Wirksamkeit ihres Einflusses bei solchen Leiden. Die Chemiker der modernen Zeit extrahieren Salicin aus der Weidenrinde und verwenden es bei rheumatischem Fieber; ein Beweis der Wirksamkeit von Naturheilmitteln.

Die Karte der Weide zu ziehen, ist ein Hinweis auf die weibliche Seite in Ihnen, eine Seite, die wir alle mehr oder weniger ausgeprägt besitzen und die, ergänzt durch die männliche, zur wahrhaft ausgeglichenen Spiritualität führt. Der Fluß der Zeit ist dann markiert durch den rhythmischen Kreislauf des Mondes und der Sonne, die gemeinsam das Muster des Jahres entfalten, das sich für den Augenblick als Tag und Nacht darstellt. Die weibliche Gabe der Fruchtbarkeit stellt sich ebenfalls durch die Ogham-Karte der Weide dar. Die Weidenkätzchen erscheinen im Frühling, schon bevor die Blattknospen sich entfalten. Reich an lockendem Nektar, ziehen sie die Bienen an, deren Winter damit beendet ist: der pollentragende Sommer hat begonnen.

Ihre spirituelle Ausgeglichenheit muß sich im Konflikt befinden oder gestört sein, wenn Sie diese Karte umgekehrt ziehen. Beachten Sie mehr Ihre weibliche Seite, beobachten Sie deren Rhythmen und Träume.

NUIN

Die Esche im Ogham-Alphabet ist der kosmische Baum, die Weltenesche. Sie taucht auch in der nordischen Mythologie auf als Yggdrasil, der Baum des Odin oder Wotan, der an ihr hing, um Einblick in die Geheimnisse der Runen zu erlangen; seine keltische Entsprechung ist Gwidion. Die Esche hat sehr tief eindringende Wurzeln und säuert den Boden; andere Vegetation kann nur mit großen Schwierigkeiten unter ihr gedeihen. Die Zweige der Esche sind dick und kräftig. In der nordischen Mythologie überspannt der Baum das Universum – wurzelnd in der Hölle, mit Ästen und Zweigen den Himmel stützend, die Erde ist in ihrer Mitte. In der keltischen Weltanschauung verbindet sie die drei Kreise der Existenz – Abred, Gwynedd und Ceugant –, die sich so unterschiedlich deuten lassen wie Vergangenheit, Gegenwart und Zukunft: als Verwirrung, Ausgeglichenheit und schöpferische Kraft, denn es gibt keine Hölle, sondern ständige Wiedergeburt, während man weiterzieht von Kreis zu Kreis, bis man am Ende das Land der Seligen erreicht.

Man kann die Esche auch betrachten als die Verbindung zwischen Mikrokosmos und Makrokosmos, zwischen der Welt im kleinen und im großen. So gesehen, sind der Mensch und die irdischen Dinge Miniaturwiderspiegelungen des Universums – der Kosmos wird in uns reflektiert.

ESCHE

Da die Esche selbst »Schlüssel« (geflügelte Früchte) trägt, ist ihre Ogham-Karte, wenn Sie sie ziehen, ein Schlüssel zu einem universelleren, umfassenderen Verstehen des Zusammenhängens aller Dinge: irdische und spirituelle, Sie selbst und der Kosmos, Niederstes und Tiefstes. Ihr Tun bildet einen Teil einer weit größeren, ja endlosen Kette von Ereignissen, und Ihr eigener, innerer Weg hat seine Reaktion in der äußeren Welt. Betrachten Sie Ihr Leben in diesem weiteren Zusammenhang und öffnen Sie Ihr Bewußtsein diesem Miteinanderverbundensein und Teilsein eines größeren Musters oder Systems, dann werden Sie ein tieferes Verständnis Ihrer speziellen Probleme oder Fragen gewinnen.

Umgekehrt bedeutet diese Karte Isolation. Ihr harmonisches Einssein mit Ihrem Selbst ist nicht zu bestreiten, aber es besteht keine Notwendigkeit, sich vom großen Universum abzuschneiden oder angesichts seiner Größe und Ihrer relativen Winzigkeit zu erschrecken. Sie sind Teil des größeren Ganzen und können nicht umhin, mit ihm und durch es verbunden zu sein. Öffnen Sie sich seinen mächtigen und subtileren Einflüssen und lassen Sie auch Ihren Einfluß hinausgehen in die Welt.

HUATHE

Im Ogham-Kalender leitet April, der Monat des weiblichen Weißdorns, weiter zum fruchtbaren, zentralen Monat der Eiche, der am 1. Mai, dem Beltanefest, beginnt. Beltane ist das Frühlingsfeuerfest der Fruchtbarkeit und der erneuerten Wachstumskraft und Stärke. Die Kelten markierten den Lauf der Zeit durch die Dunkelphasen, denen das Licht folgte, und sie teilten das Jahr in eine dunkle Hälfte und eine lichte Hälfte. Neujahr, der 1. November, leitete die erste, dunkle Winterhälfte des Jahreskreises ein, und am 1. Mai folgte der Sommerabschnitt. Eheschließungen waren nur während der lichten Hälfte des Jahres gestattet, doch häufig ging ihnen eine »Ehe auf Probe« von einem Jahr und einem Tag Dauer voraus.

Der Weißdorn ist ein kleiner Baum, der dicht- und weitverzweigt aufwächst. Da er so undurchdringlich wird, findet man ihn häufig in Hecken, und der Ursprung seines weiteren Namens Hagedorn kommt von dem alten Wort *Hag*, für Hecke. Der Weißdorn unterscheidet sich durch seine glatte, graue Haut von der groben, schwarzen Rinde des Schwarzdorns. Er blüht im Mai, und früher wurden seine blühenden Zweige zum Schmücken von Häusern und Maibäumen am 1. Mai verwendet. Zu ihrer Verteidigung trägt die Pflanze Dornen.

WEISSDORN

Die Karte des Weißdorns zu ziehen, bedeutet Reinigung und Keuschheit und bringt Schutz aus den inneren, magischen Bereichen – mit anderen Worten: eine Phase der Zurückhaltung, des Verzichts, des Wartens oder Sichbeherrschens. Konzentrieren Sie sich mehr auf geistige denn auf körperliche Aktivität als Vorbereitung für das spirituelle Befruchten, Wachsen und Ernten, das folgen wird, und tragen Sie Sorge, daß solche Vorbereitung so rein und ordentlich geleistet wird wie die kleinen, weißen Blüten des Weißdorns strahlen, die sich bis zum Herbst in die leuchtend roten Mehlbeeren verwandeln.

Wenn Sie diese Karte umgekehrt ziehen, heißt das, daß Sie versuchen, in eine neue, aktive Phase zu rasch und ohne angemessene Wartezeit weiterzueilen. Eine Periode erzwungener Zurückhaltung muß vorläufig beachtet werden, bevor sich die Türen zu neuen Gelegenheiten für Sie auftun.

DUIR

Jedes Haus hat eine Haustür. Wenn Sie eintreten möchten, müssen Sie auf die Türe zugehen und sich bemerkbar machen. Dann kann die Tür geöffnet werden. Das Wort »Tür« stammt von dem gälischen und Sanskrit-Begriff *duir*, einem Wort für Festigkeit, Schutz und – den Eichbaum. Im Walde ist die Eiche der König. Er steht mächtig und stark mit großen Ästen, denen nur die noch gewaltigeren Wurzeln gleichkommen. Häufig wird er vom Blitz getroffen. Die Wucht des Blitzschlages und die Hitze des Feuers spalten den kräftigen Stamm, der oft verdreht und verzerrt weiterwächst. Doch er lebt weiter, über die Jahre hinweg, über Jahrzehnte und Jahrhunderte. Sein Wachstum geschieht langsam, aber sicher. Seine Kinder wachsen heran zu zahlreichen Abbildern seiner Größe, und er ist der Orientierungspunkt, ein Grundstein und eine Zuflucht im Walde.

Im keltischen Mondkalender steht der Monat der Eiche an siebter Stelle, in der Mitte zwischen Huathe, dem Weißdorn, zur Linken und Tinne, der Stechpalme, zur Rechten. Der Monat der Eiche erlebt den Tanz des neuen Lebens im Frühling, wenn alles für die kommenden Sommermonate befruchtet wird.

EICHE

Die Eiche war schon immer ein Symbol des Schutzes und der Sicherheit für England, das auf ihr Holz zurückgriff, um seine Flotten zu bauen – wie zum Beispiel jene, die die spanische Armada im Seegefecht schlug. Eichen wurden auch als Markierung der Grenze zwischen dem einen und dem nächsten Bereich hergenommen. Die Ovaten, Barden und Druiden der alten Zeit predigten unter der mächtigen Eiche und bezogen Kraft aus ihrer Stärke. Edward der Bekenner predigte unter der Evangeliumseiche auf dem Parlamentshügel in Hampstead. Dadurch gewann er Kraft für sein Königreich aus der Tradition vieler Jahre der Stärke, die bis tief in die Vergangenheit reichten.

Diese Karte zu ziehen, bedeutet, daß Sie bei Ihrem Unterfangen sicher und stark sein werden. Das Tor zur inneren Spiritualität wird sich Ihnen auftun, und Sie werden auf Ihrem Wege geschützt sein mit der zurückhaltenden Keuschheit und Entschlossenheit des weiblichen Weißdorns und der kämpfenden Kraft und Stärke der männlichen Stechpalme. Diese Ogham-Karte steht für ursprüngliche Kraft und die Fähigkeit, zu überwinden und zu überleben, während sie, umgekehrt liegend, den wichtigen Schutz für die weniger Fähigen und Schwächeren anzeigt, die Sicherheit brauchen, um an Charakterstärke zu wachsen.

TINNE

Die Stechpalme ist der Beste im Kampf. Sie streitet und verteidigt sich, schlägt Feinde und jene, die sie zu vernichten suchen, mit ihren spitzen Dornen in die Flucht. Ihre Blätter sind im Sommer weich, aber im Winter, wenn nur spärliches Grün die Pflanzenwelt ziert und die immergrüne Stechpalme gern vom naschenden Wild aufgesucht wird, werden ihre Blätter härter. Dornen erscheinen, und das Bäumchen kann sicher sein. Der altenglische Name der Stechpalme ist *holm*; man findet ihn heute noch in Ortsbezeichnungen wie Holmsdale, Surrey, dessen Motto heißt »nie besiegt worden und nie besiegt werden«. Mit der Verbreitung des Christentums wurde aus der Stechpalme ein heiliger Baum, Symbol für die Dornenkrone und damit für den Kampf, die Seelengefechte, die wohl dieses Leben mit dem folgenden und auch dem parallel einhergehenden vereinen.

Die Stechpalme ist männlich und repräsentiert die Vaterschaft und Väterlichkeit. Zusammen mit Efeu und Mistel galt sie schon immer als starkes Symbol des Lebens, sowohl wegen ihrer ganzjährigen Belaubung als auch wegen ihres Fruchttragens im kalten Winter. Unter den Strophen des »Liedes von Amergin«, die ein Hauptbarde sang, als er an den Ufern Irlands landete, findet sich auch der Vers: »Ich bin ein kriegserfahrener Speer« – das Holz der Stechpalme wurde für Speerschäfte verwendet.

STECHPALME

Welche Eigenschaften soll ein solcher Speerschaft haben, wenn er gehoben und geschleudert wird? Wesentlich sind Ausgewogenheit in der Hand des Kriegers und Zielgerichtetheit, sobald er die Hand verläßt. Diese Eigenschaft des ausgewogenen Zielsuchens zeigt an, wenn Sie diese Karte gezogen haben und ihre Unterstützung genießen, daß Sie die stärksten Argumente in Ihrer spirituellen Schlacht finden werden – vorausgesetzt, der Kampf ist gerecht und nicht durch Aggression und Habgier gekennzeichnet. Diese Karte zu ziehen, wird Ihnen auch die Kraft geben, ausgeglichen und einig zu kämpfen. Als nächste nach dem fruchtbaren und zentralen Monat der Eiche im Ogham-Kalender gibt diese Karte einen Hinweis auf das, was in der zweiten Hälfte des Jahres vor Ihnen liegt.

Umgekehrt zeigt diese Karte einen Mangel an Ausrichtung und Ausgeglichenheit an. Ohne diese Attribute jedoch fehlen Ihnen die Voraussetzungen, um in Ihren derzeitigen Konflikten den Sieg davonzutragen. Sie müssen klarer wissen, wofür Sie kämpfen und wie Sie es richtig in Angriff nehmen müssen, um am Ende zu gewinnen.

COLL

Nach keltischer Überlieferung vermochte Fintan, »der weiße Alte«, die Gestalt von Tieren anzunehmen, darunter auch die des Lachses. Lachse werden in der irischen Legende mit dem Haselstrauch in Verbindung gebracht; sie schwimmen im Flusse Boyne unter den darüberhängenden Haseln, von denen neun Nüsse poetischer Weisheit fallen. Sie werden vom Lachs gegessen, der sich die in ihnen enthaltene Inspiration einverleibt. Der Hasel wird auch stark assoziiert mit Meditation und Mediation. Die Druiden erbten das Wissen um Messen und Rechnen der noch früheren »dodmen«, die in prähistorischer Zeit als Landmesser Feldlinien und Fuhrwege untersuchten, die in der uralten, in Kalkstein geschnittenen Gestalt des großen Mannes von Wilmington wiederzufinden sind, der Stäbe oder Ruten hält. Da sie auch die Gesetze kannten, wurden die Druiden gerufen, wenn es galt in Streitigkeiten um Besitz und Flurgrenzen zu vermitteln – wie auch die heutigen Landmesser.

Außer poetischer Begabung zeigt diese Ogham-Karte auch Intuition, die Kraft des Spürens, das direkt zur Quelle führt. Haselzweige wurden schon von altersher zum Rutengehen verwendet, weil sie besonders biegsam sind und eine starke Affinität zum Wasser besitzen.

HASELSTRAUCH

Die Hasel steht also für zahlreiche Talente: Dichtkunst, Spüren und die Kräfte der Vermittlung. Unter der Leitung des Einflusses dieser Karte können solche Talente auch als Kanal für schöpferische Energien dienen, besonders wenn es gilt, solche Fähigkeiten bei anderen anzuregen durch Ihre Arbeit, Interessen und Unternehmungen. Die Hasel erlaubt es Ihnen, Katalysator oder Vermittler zu sein, und wirkt durch die Stimme der Intuition, die Ideen an die Oberfläche Ihres Bewußtseins holt.

Wird die Karte umgekehrt gezogen, ist dies ein Hinweis auf eine Blockade in Kreativität oder Intuition. Sie müssen sich auf Ihre Talente konzentrieren oder neue Fähigkeiten erlernen, bevor Sie andere vereinen oder motivieren können, Ideen oder Projekte zu einem fruchtbaren Resultat zu führen. Sie müssen Ihrer Intuition folgen, die Sie zu der Quelle leiten wird, derer Sie bedürfen, und Ihre schöpferische Energie lenkt, die hinausströmt dahin, wo sie gebraucht wird.

QUERT

Recht wahrscheinlich ist der Apfel aus dem Ogham-Alphabet der veredelte Apfel und nicht der wilde, sogenannte Holzapfel. Die Wörter für Apfel sind in allen gälischen und slawischen Sprachen ähnlich, was man als Zeichen dafür werten kann, daß es sich um eine gemeinsame sprachliche Wurzel für eine Frucht handelt, die schon seit ältesten Zeiten als kultiviert bekannt war. Mit dem Apfel assoziiert und verbunden ist die Wahl. Die Wahl gilt es zu treffen zwischen ähnlichen oder gleich attraktiven Dingen. Vielleicht fällt die Wahl äußerst schwer, da alle Alternativen vielversprechend scheinen, Schönheit und mögliche Erfüllung verheißen. Vielleicht kommt es nicht so sehr darauf an, welche Entscheidung man fällt, als daß man sich überhaupt entschließt. In Congresbury, Somerset, pflegte es eine Verteilung von Einmorgenparzellen von zwei gemeindeeigenen Stücken Land zu geben. Die Parzellen wurden unterschiedlich markiert, und gleiche Markierungen brachte man auf Äpfeln an. Diese legte man in einen Sack, aus dem heraus die Äpfel den Bürgern verteilt wurden und nach ihnen damit die Landstücke zuwies.

APFEL

Die Apfelkarte steht für eine Wahl der Schönheit, der Schönheit des Lebens und der Jugendlichkeit. Damit verbunden ist Avalon, das magische »Apfelland«. Glastonbury liegt in den keltischen Apfelländern. Aus dem walisischen Gedicht »Avellenau« erfahren wir, daß der Barde Merlin heimlich seinem Herrn die Existenz dieses Obstgartens verriet. Es wurde von dem Zauberer auf allen seinen Reisen von Ort zu Ort getragen. Der Unwissende jedoch darf nicht von seinen Früchten essen, denn im Apfel ist ein pythagoreisches Pentagramm verborgen. Schneidet man ihn horizontal durch, offenbart er seine Geheimnisse durch die Form und Anordnung seiner Kerne. Nach dem Urteil des Paris wurde Aphrodite die Schönheit zugesprochen.

Erscheint die Karte umgekehrt, müssen Sie erkennen, daß eine Wahl zu treffen ist. Sie können nicht eine Beziehung haben, wenn es da noch andere gibt. Sie können nicht an mehreren Orten zugleich leben, wie attraktiv sie auch sein mögen. Sie können nicht ein Talent mit Ihrer ganzen Aufmerksamkeit und Energie entfalten, wenn diese zwischen mehr als einem Ziel gespalten sind. Alle Möglichkeiten, die Ihnen offenstehen, können Ihnen Schönheit und Befriedigung bringen, aber Sie müssen sich entscheiden. Wenn Sie einen Apfel pflücken wollen, müssen Sie sich erst auf einen konzentrieren, nicht auf alle zugleich. Andernfalls werden Sie am Ende nichts in der Hand haben oder nur einen unbefriedigenden Bissen von jedem bekommen. Wählen Sie nur einen, und Sie werden seine Süße vollkommen erfahren.

MUIN

Muin im Ogham-Alphabet meint Weinstock und Rebe. Obwohl der Wein offenbar erst vor jüngerer Zeit kultiviert wurde und sich hierdurch von anderen Bäumen und Sträuchern des Ogham unterscheidet, besteht doch kein Zweifel, daß der Weinstock auf den britischen Inseln schon seit altersher bekannt und verbreitet war, denn seine unverwechselbaren Früchte und Blätter erscheinen häufig bereits auf Kunstgegenständen der Bronzezeit. Das Feuerfest von Lugnassadh oder Lammas fällt auf den 1. August, auf den Beginn des Monats, der von der Weinrebe regiert wird. August ist der keltische Erntemonat, der gefeiert wird durch ein Sammeln und Opfern von den Früchten des Bodens; er gilt als eine bedeutsame Zeit für Omen und Voraussagen. Die Hauptgottheit für diesen Monat ist der Sonnengott Lugh, auch bekannt als Lug Lámfhada (mit dem langen Arme) oder Lug Samildánach (der Vielbegabte).

Diese Karte zu ziehen, hat mit der Freisetzung prophetischer Kräfte zu tun. Die Nutzung der Weinrebe und die Wirkungen des Weines sind nur allzu bekannt. Das Sprichwort *in vino veritas* drückt fast den ganzen Sinn dieser Karte aus. Wein löst die Hemmungen und ermöglicht es Ihnen, offener und oft auch aufrichtiger zu sprechen, als Sie es sonst tun würden. So ist es von Zeit zu Zeit nötig, daß Sie Ihre logische, intellektuelle Einstellung beiseite legen und Wis-

WEIN

sen aus anderen Quellen beziehen, damit die subtile Intuition zutage treten und Sie anleiten kann.

In solchen Phasen werden Ihre übersinnlichen Wahrnehmungen ein zuverlässigerer Verbündeter sein als der sogenannte gesunde Menschenverstand. Lassen Sie sich allein vom Instinkt zeigen, was zu tun ist, und lassen Sie Ihre tiefsten Gefühle frei und offenbar werden. Ihre Sinne sollen sich öffnen, daß sie ein Zeichen werden für die innere Entfaltung, und lernen Sie, ihnen zu vertrauen, wenn sie sich für Sie einsetzen. Lassen Sie Ihre Seele sich entfalten, so daß sie alle Zeichen und Vorzeichen sammeln und ernten kann, die sie zu verstehen vermag – wenn Sie es nur zulassen.

Wenn die Karte umgekehrt gezogen wird, gilt sie als eine Aufforderung loszulassen. Wenn Sie dann tief im Innern spüren, daß Sie auf eine bestimmte Weise handeln sollten, dann tun Sie es; überlegen Sie nicht lange, sondern verlassen Sie sich auf Ihr Empfinden. Lassen Sie sich in dieser Phase ihrer spirituellen Reise von den Instinkten leiten.

GORT

Der Efeu wächst, breitet sich aus und blüht unter den verschiedenartigsten Bedingungen – auf bebautem Land ebenso wie auf Ödland, im hellen Sonnenlicht wie in fast völligem Dunkel, auf fruchtbarem Boden oder auf Stein und Schutt. Er schiebt sich durch die dünnsten Spalten und Ritzen dem Licht entgegen und ist kaum auszurotten. Seit alter Zeit wurden Weinrebe und Efeu als Feinde betrachtet. Wenn der Wein durch seine berauschende Wirkung prophetische Kräfte freisetzt, bringt einen der Efeu dagegen in Verbindung mit seiner inneren Quelle und gibt einem die Fähigkeit, mit den Augen der Seele zu schauen, jenseits der Welt des Alltäglichen. Die mit dem Ogham-Efeu assoziierte Farbe ist *gorm*, Himmelblau. Behalten Sie das Bild des klaren, blauen Himmels vor dem inneren Auge. Ihm streben Sie zu – verlieren Sie ihn nicht aus dem Blick.

Wenn Sie die Efeukarte ziehen, gilt sie als Symbol der Spirale des Selbst und der Suche nach dem Selbst. Auch der Irrgarten, das Labyrinth, wird mit dem Efeu assoziiert, da auch er Sinnbild der Wanderung der Seele ist, die sich in Kreisen nach innen und nach außen bewegt und Nahrung und Erfahrung von außen und aus dem Innern sucht, um schließlich ihr Ziel zu erlangen: die Erleuchtung.

EFEU

Der Geist wendet sich nach innen – wie Theseus, der dem Faden ins Labyrinth folgte. Der Weg des Theseus war vielleicht Symbol seines Forschens nach dem geheimen Zentrum seines eigenen Wesens, das hier als, allerdings meistens verborgenes, Ungeheuer dargestellt ist. Dieses Forschen und Suchen der Seele ist notwendig. Es offenbart spirituelle Kraft und Tiefe, mit der Sie bisher vielleicht noch nicht in Berührung gekommen sind, von der Sie bisher noch nichts geahnt haben. Ihr spiralig sich ausbreitender Tanz durchs Leben wendet Sie auch nach außen, bringt Sie mit anderen zusammen über die Gruppenseele oder das kollektive Unbewußte, das alles Leben durchzieht und umfaßt. Sie haben eine Rolle zu spielen, nämlich bei der spirituellen Reise anderer zu helfen – wie auch jene Ihnen zur Hilfe werden.

Ziehen Sie diese Karte umgekehrt, dann bedenken Sie, daß der Efeu jene, um die er wächst, auch festhalten, schädigen und ersticken kann. Sind Ihre Absichten nur auf spirituelles Wachsen gerichtet, das andere aus Ihrer Umgebung nicht darin verstrickt? Handeln Sie nur aus Selbstlosigkeit? Lassen Sie die Welt des Alltags einmal außer acht und werfen Sie einen neuen, prüfenden Blick auf sich selbst. Tanzen Sie dann von neuem, nach innen und nach außen, frei durch das spiralige Labyrinth des Lebens.

NɢETAL

Dünn und schlank ragt das Schilf empor. Es steht in Büscheln am Ufer des Flusses, und zwischen seinen Füßen lauert der flinke Hecht einer arglosen Elritze auf. Mit seinen dünnen Halmen ähnelt das Schilf Pfeilen mit silberner Spitze, die durch die weglose Luft fliegen, um an genau der Quelle zu landen, die man alle Jahre hindurch gesucht hatte. Pfeile ins Unbekannte abzuschießen, ist ein Ausdruck für das Verlangen, grundlegende Wahrheiten ausfindig zu machen. Wenn Sie sich dabei ohne Ausrichtung verlieren, wird der Zufall bestimmen, wo Sie wieder Boden unter den Füßen finden werden. Wenn das Abschießen mit der rechten Überzeugung, Ausrichtung und Entschlossenheit geschieht, dann wird die Handlung vor dem Ergebnis zurücktreten, das sowohl vor als auch nach der Bewegung eintritt.

Diese Karte zu ziehen, bedeutet, daß Sie des gewaltigen Außen gewahr sind, das uns alle umgibt. Sie sind fähig, Ordnung zu finden, wo andere nur auf Chaos stoßen. Ihre Resultate sind so gewiß wie die Intentionen, mit denen Sie beginnen. Sie gelangen voran, da Sie Ihr Ziel nicht aus den Augen verlieren. Schilf zu ziehen, gibt Ihnen die Fähigkeit, spirituelle Waffen zu schmieden – wie der Bogenschütze zuerst Holz für seinen Bogen zu finden und zu schnitzen hat, um dann die Pfeile anzufertigen und ihnen eine Spitze zu geben. Die Federn am Ende des Pfeiles geben diesem

SCHILF

Ausrichtung und verhindern, daß das Geschoß sich im Fluge dreht und die Richtung verliert.

So können auch Sie mit dem Schilf Richtung finden und Ihrer Reise Sinn und Zweck geben, die am Jahresbeginn – nach dem alten Kalender Anfang November – ihren Ausgangspunkt hat. Ist die Reise erst einmal angetreten, dann sind überraschende Begegnungen und Aufregungen zu erwarten. Die Geschicklichkeit, solche vorübergehenden Schwierigkeiten zu überwinden, ist so wichtig und wesentlich wie das Unternehmen der Reise überhaupt.

Das Schilf gibt Ihnen diese überaus wichtige Geschicklichkeit und Ausrichtung. Ziehen Sie es jedoch umgekehrt, zeigt es an, daß Sie noch eine gewisse Strecke vor sich liegen haben, bevor Blick und Können klar und stark genug sind, um die Reise anzutreten, deren Ziel und Ergebnisse vielleicht noch völlig im Unbekannten liegen.

STRAIF

Der Schlehdorn ist ein Baum des Winters. Erst nach dem ersten Frost reifen seine Früchte, die Schlehen, und werden süß. Die weißen Blüten öffnen sich früh, schon häufig vor den Blattknospen. Ein kalter Frühling wird schon seit langem als »Schlehdornwinter« bezeichnet. Mit schwarzer Rinde und tückischen Dornen bewehrt, bildet der Schleh- oder Schwarzdorn dichtes Gestrüpp, wenn man ihm Freiheit läßt, sich auszubreiten. Sein gälischer Name *straif* ist verwandt mit dem englischen Wort *strife* (dt. Streit, Hader). Aus dem Holz des Schlehdorns wird traditionell der Shillelagh, der irische Schlehdornknüttel, gefertigt; seine Dornen werden für magische Zwecke verwendet, um Wachsbilder des Opfers der Hexerei damit zu durchbohren.

Die Schlehdornkarte stellt das mächtige Wirken des Schicksals oder anderer äußerer Einflüsse auf Ihr Leben und Ihren Weg dar: Dinge, denen Sie sich beugen müssen. Vielleicht spüren Sie, daß Sie keine Wahl mehr haben, sondern – wie unangenehm dies auch sei – den Angelegenheiten ihren Lauf lassen müssen, die Sie auf einen rauhen, aber unausweichlichen Weg drängen. Unerwartete Veränderung oder der Ruin Ihrer eigenen Pläne kann recht entmutigend sein, aber Sie müssen akzeptieren, daß es manchmal Dinge und Entscheidungen gibt, vor denen Sie nicht ausweichen können. – Aber dasselbe Glas

SCHLEHDORN

kann man mit gleicher Berechtigung als halbvoll oder als halbleer bezeichnen, je nachdem, aus welcher Perspektive man es betrachtet; und so kann auch auf Ihrer spirituellen Reise eine harte, unangenehme Phase als etwas Negatives, Schädliches oder als Positives, sich zum Guten Wendendes gesehen werden.

Wenn Sie an der negativen Sicht der Dinge festhalten und versuchen, sich an Ihren alten Weg zu klammern und Schwierigkeiten mit Groll und Sturheit zu begegnen, werden Sie sich am Ende nur selbst schaden. Andererseits können Sie unausweichliche Ereignisse willig annehmen, Ihren Widerstand überwinden und spirituelle Kraft beziehen, um so eine neue Richtung oder Gelegenheit zu erkennen, die aus dem Chaos hervorwächst, auf daß Sie mit ihr arbeiten. Zur rechten Zeit werden Sie dann erkennen, daß Sie – auch wenn Ihr Leben oder Sie selbst einer drastischen Veränderung unterzogen wurden – doch unbeschadet in eine neue, erfüllende Phase weitergeschritten sind und geläutert und erquickt aus den Schwierigkeiten hervorgingen.

Diese Ogham-Karte gibt es nicht umgekehrt. Akzeptieren Sie, daß es hart werden könnte, was auf Sie zukommt. Ein Winter der Unzufriedenheit kann zu einer fruchtbaren Veränderung führen, zu neuer Blüte, wenn Sie den klaren und entschlossenen Blick besitzen, das Mögliche zu erkennen und sich ihm bereitwillig nähern.

RUIS

Der Volksmund sagt, es bringe Unglück, eine Wiege aus dem Holz des Holunders zu bauen; hierzu sei immer das Holz der Birke – neuer Anfang, Neubeginn – zu verwenden. Im Ogham-Kalender regiert der Holunder den 13. Monat. Dieser Lückenfüllmonat besteht tatsächlich nur aus der kurzen Phase von drei Tagen und endet an Samhain, der letzten Nacht des Jahres, die in der angelsächsischen Welt als Halloween begangen wird. Darauf folgt Neujahr, der 1. November, mit dem Monat der Birke. Der Holunder mit seinen charakteristischen, leicht konkaven, markgefüllten Stämmen ist ein Baum der Regeneration. Verletzte Zweige wachsen leicht wieder nach, und jeder abgetrennte Teil schlägt rasch neue Wurzeln.

Mona, die Insel Anglesey, war in vorrömischer Zeit unter dem Namen Mona mam Cymru bekannt (d. h. Anglesey, die Mutter von Wales). Sie war flach, besaß ein mildes Klima und fruchtbaren Boden. Von dieser Insel nährt sich das Hinterland; Mona war die Kornkammer, für alle. Sie ist aber auch als der Ort in Erinnerung, an dem die letzten Druiden von den Römern ermordet wurden. Obwohl sie wildentschlossen und fanatisch kämpften, konnten nur wenige entkommen; ihre Macht und ihr Einfluß waren zu Ende. Die Kelten waren so furchtlose Krieger, weil sie an den »großen Kessel« der Wiedergeburt glaubten.

HOLUNDER

Durch Eintauchen in den Schmelztiegel würden ihnen Leben und Kraft wiederhergestellt, was ihnen ermöglichte, Mal für Mal in die Schlacht zurückzukehren, bis ihre Sache gewonnen hätte.

Diese Ogham-Karte ist mit dem ewigen Wechsel von Tod und Leben verbunden, von Geburt und Wiedergeburt. Sie steht für das Ende im Anfang und für den Neubeginn in jedem Ende, für Leben im Tode und den Tod im Leben, das Austreiben der Teufel des alten Jahres und die Erneuerung und Schöpfungskraft des neuen, für die Zeitlosigkeit des Zyklus, durch die die sich zurückziehende alte Zeit immer mit einem Beginn, der Geburt eines Neuen ausgeglichen wird.

Diese Karte gibt es nicht umgekehrt. Der Kreis wird sich immer von neuem wenden, und Wandel und Schöpfungskraft erwachsen aus dem Alten, um das Neue hervorzubringen. Alles ist fortwährend miteinander verwoben, wie die Phasen des Lebens und Erlebens sich in subtil veränderter Form wiederholen und immer weiter zur Erneuerung drängen.

AILIM

Der botanische Familienname der Weißtanne ist *Abies*. Abies stammt von dem lateinischen Verb *abire*, d. h. fortgehen, und bezieht sich auf die große Höhe oder Entfernung von der Erde, die diese hohen, schlanken Bäume erreichen können. Die »Adam und Eva«-Bäume, ein Paar Weißtannen, die vom Herzog von Argyll Anfang des 17. Jahrhunderts gepflanzt wurden und bis vor kurzem noch standen, erreichten eine Höhe von bis zu 39 Metern. Weißtannen wachsen in Bergregionen hoch oben am Hang und überragen den übrigen Wald, während sie sich in die klare Luft emporstrecken, dem fernen, blauen Himmel entgegen.

Hier haben wir es also mit einem Baum zu tun, der über eine weite Entfernung zu blicken vermag, bis zum fernen Horizont und darüber hinaus, weil er selbst so hoch gewachsen ist und in großer Bergeshöhe noch gedeihen kann. Wenn Sie diese Karte ziehen, ist sie ein Hinweis auf weite Sicht, auf klares Sehvermögen in bezug auf das, was jenseits ist und noch vor Ihnen liegt. Damit verbunden ist die Fähigkeit, von Ihrem Stand- oder Verwurzelungspunkt aus weit zu blicken und die Zukunft vorauszusehen.

WEISSTANNE

Die Weißtanne ist auch der Baum der drei Brigitten, die mit drei Antlitzen oder Aspekten abgebildet werden: dem der jungfräulichen Braut, gefeiert im Frühling; dem der Mutter, die den Sommer regiert und die Fruchtbarkeit; und schließlich dem des alten Weibes der Wintermonate – ein kontinuierlicher Zyklus des Jahres. Sie ist auch Schmiedin, Heilerin und Seherin. Die Karte der Weißtanne zu ziehen, verleiht die Stärkung und Heilung, die Sie aus Ihren früheren und derzeitigen Leben lernten und die ein Quell sein sollten, aus dem Sie Einsicht und Wissen für Ihre Zukunft schöpfen können. Die silbrige Farbe der Weißtanne verbindet Sie mit der Silberschnur, dem Symbol Ihres Gewahrseins vom Fortschritt, den Sie auf Ihrer spritiuellen Reise machen. Zuweilen werden Sie intuitiv darauf eingestellt sein, ein andermal jedoch wird es Verwirrung und Verzagtheit geben. Diese Karte kündet Fortschritt und klare Sicht an.

Wenn die Karte umgekehrt erscheint, ist Ihr Blick getrübt. Sie müssen sich erheben und einen wohlbedachten Standpunkt einnehmen, bevor Sie weitere Schritte auf Ihrem Wege unternehmen.

OHN

Der Stechginster ist ein gelbblühender Strauch, der viel auf Heide- und Brachland zu finden ist. Er sucht sich immer einen Standort mit reichlich Abstand von anderen Bäumen, um die Strahlen der Sonne für sich allein zu bekommen. Obwohl er seine leuchtendste Blütenpracht im Frühjahr und Frühsommer entfaltet, gibt es doch keinen Monat im Jahreslauf, da man ihn ganz ohne Blüten antreffen könnte; immer ist irgendwo im dunkelgrünen Gestrüpp ein kleines Gelb zu entdecken. Die Blüten sind satt und üppig gefüllt mit Pollen und Nektar und verbreiten unter den wärmenden Strahlen der Sonne einen kräftigen, süßen Honigduft. Die fleißigen Bienen werden hier reichlich belohnt und können einen guten Ertrag in Waben und Stöcke zurückbringen. Der Stechginster wird besonders mit dem Feuerfest Lugnassadh assoziiert, denn zu dieser Zeit ist sein Wert besonders kräftig und verbindet die inneren und äußeren Welten mit reicher Erfüllung.

STECHGINSTER

Die Karte des Stechginsters zu ziehen, bedeutet ein Zusammentreffen von Süße und Wert oder Geschicklichkeit beim Sammeln. Es heißt, daß entweder die Umstände auf Ihrem Lebensweg sich zu einem Ziel oder Bestimmungspunkt fügen, nach dem Sie streben, oder daß Sie befähigt werden, selbst die Elemente zusammenzutragen, die Sie suchen, um ihr Ziel zu erreichen – wie eine Elster, die hier und da nach blinkenden Schätzen sucht, um sie ihrem Vorrat im Nest einzuverleiben.

Obwohl äußerlich nur niederes Strauchwerk, gilt der Stechginster im Ogham-Alphabet als Häuptling. Deshalb gehört er auf den höchsten Rang – wie Erle, Esche, Eiche, Hasel, Weinrebe, Efeu, Schlehdorn, Eibe, Mistel (Heidekraut) und Buche – und ist damit ein wertvoller Wegweiser auf unserer spirituellen Reise.

Wenn die Stechginsterkarte umgekehrt erscheint, ist das Sammeln oder Zusammentragen von Dingen, die für Ihre Reise wichtig und von Wert sind, noch nicht abgeschlossen. Die Zeit der Erfüllung ist gekommen, wenn alles in Süße zusammengefunden ist.

UR

Diese Ogham-Karte hat zwei Gesichter: Sie steht nicht nur für das Heidekraut, sondern auch für die Mistel. Die äußere Bedeutung, die Ur = Heidekraut vermittelt, ist die symbolische Pforte, die die fruchtbare Erde mit der Geisterwelt verbindet. Uchelwydd, die Mistel, ist traditionell als Allheilmittel bekannt und stellt das unsichtbare Fruchtbarkeitssymbol auf solider Basis dar; sie offenbart die innere Bedeutung. Zur Zeit des Mittsommer-Sonnenaufgangs wirft die Sonne drei Lichtstrahlen, die sich ausdehnen und die Pforten von Annwn, dem Eingang zur anderen Welt, öffnen. Diese drei Lichtstrahlen – bekannt als die Awen (in Cornwall und der Bretagne als Tribans) – entsprechen harmonisch dem dreifachen Wesen des keltischen Universums. Die Honigbiene, die sich auf ihrem Fluge zwischen Heidekraut und Stock nach Position und Winkelhöhe der Sonne orientiert, wurde von den Kelten als Bote betrachtet, der den schrägen, sonnenbestrahlten Weg herabkommt, um durch die Pforte zur Geisterwelt zu gelangen.

Die Mistel wächst buchstäblich auf solider Basis und wurde von den Druiden besonders geschätzt, wenn sie – was selten geschieht – auf einer Eiche wuchs. Eine Untersuchung der Botanischen Gesellschaft über einen Zeitraum von elf Jahren hinweg (1969–1979) ergab, daß nur zwölf Eichen in Großbritannien Misteln trugen. Wenn man

HEIDEKRAUT

früher auf solche Pflanzen stieß, wurden sie nach fest-
gelegtem Ritual und unter Beachtung der Mondphasen im
Mittwinter mit goldenen Sicheln geerntet, und man glaubte,
sie enthielten die fruchtbare Lebensessenz des Eichbaums,
ihres mächtigen Wirtes.

Wenn Sie eine Mistelbeere betrachten, werden Sie vier
schwarze, halbmondförmige Punkte finden, die um
die Mitte angeordnet sind. Sie gelten als Symbole der
mystischen Städte des Sidhe, des Feenlandes: Falias –
Norden, Finias – Süden, Gorias – Osten und Murias –
Westen. Der zentrale Punkt ist die ätherische fünfte und
umschließt damit die Kreise der Existenz.

Mistel und Heidekraut sind auf dieser Karte des Ogham
vereint, um Sie in engere Verbindung mit der Welt des
Geistes und der daraus erwachsenden Heilung zu führen, zu
der Ihr Weg Sie leiten mag. Schließlich hat der Begriff
Allheilmittel seine Berechtigung. Inhaltsstoffe und Zube-
reitungen der Mistel befinden sich in etlichen modernen
Arzneimitteln, und Mistelpräparate werden in verschiedenen Formen der alternativen Heilmethoden unserer Zeit bei
der Behandlung von Krebs eingesetzt.

Wenn Sie diese Karte umgekehrt ziehen, rät sie Ihnen,
die inneren Bereiche des Heilens und Heilseins zu
betrachten, um eine kräftige und fruchtbare Grundlage zu
bauen für das, was noch folgen wird.

EADHA

Von allen Bäumen im Ogham-Alphabet ist die Zitterpappel oder Espe am meisten mit den irdischen und materiellen Aspekten des Lebens verbunden. Sie hat auch mit dem Finden der spirituellen Kraft und Ausdauer zu tun, die notwendig sind, damit man sich der harten Realität stellen kann, die uns das Leben so oft unerwartet oder im Laufe einer langen, kräftezehrenden Zeit bietet. Sie gibt uns ein Gespür für die Fähigkeit, sich zu überwinden und durchzuhalten. Die Pappel besitzt drei Attribute: das Vermögen zu widerstehen und zu beschirmen, eine Verbindung zum Sprechen und zur Sprache und eine enge Beziehung zum Wind.

Dieser Baum besitzt von Natur aus die Fähigkeit, der Dürre zu widerstehen, und er gilt von altersher als Baum der Schildmacher. Er hat die Kraft, vor Tod und Verletzung zu schützen und sich zwischen Sie und die weltlichen Probleme zu stellen, die Sie fürchten – selbst jene einer langen, kräftezehrenden Zeit. Aufgrund ihrer Verbindung mit dem Winde assoziiert man die Zitterpappel mit Sprechen und Sprache. Die langen, abgeflachten Blattstiele lassen die Blätter so wachsen, daß sie selbst in der geringsten Brise, im leichtesten Lufthauch zu zittern und sich zu bewegen beginnen. Pappeln gelten im Volksmund als »flüsternde« oder »sprechende« Bäume; im Irisch-Gälischen heißen sie *Crann Critheac*, der »zitternde Baum«. Auf der

ZITTERPAPPEL

ganzen Welt, in zahlreichen Kulturkreisen und Religionen gilt der Wind als Bote der Götter oder als Überbringer der »kleinen, sanften Stimme Gottes«.

Die Karte der Pappel ist also durch deren Zittern ein Hinweis auf Ihre Ängste, Befürchtungen und Zweifel hinsichtlich der unmöglichen Widrigkeiten, die Sie zu überwinden haben. Sie reicht Ihnen aber auch einen schützenden Schild, indem Sie Ihnen die geistige Stimme überbringt, die Worte inneren Geleits spricht. Um Ihrer Entschlossenheit zu helfen, müssen Sie diese entfalten, bis Sie mit Ihren Problemen umgehen können, wie bedrohlich und destruktiv sie auch erscheinen mögen – so spricht und ermutigt Sie diese Karte. So verhindert sie den Tod und das Gefühl, nachgeben zu müssen unter der manchmal erschreckenden Last weltlicher Probleme. Damit ist die Zitterpappel eine große Hilfe auf der Reise zur Wiedergeburt.

Wird ihre Karte umgekehrt gezogen, dann übertönt das Geschrei Ihrer Angst die sanfte Stimme des Windes. Sie aber müssen auf diese Stimme und Ihre Instinkte behutsamer lauschen und willens sein, die Botschaften zu achten, die Ihnen überbracht werden.

IOHO

Eiben findet man am leichtesten auf alten Friedhöfen – doch tatsächlich sind viele Eiben noch wesentlich älter als die sie umgebenden Kirchhöfe. Die Eibe von Crowhurst in Surrey soll mindestens 1600 Jahre alt sein. Diese Gabe, ein hohes Alter zu erreichen, verdankt die Eibe ihrer eigentümlichen Art zu wachsen. Ihre Zweige senken sich zum Teil in die Erde hinab, um neue Stämme zu bilden, die mit dem Hauptstamm gemeinsam emporwachsen. Im Laufe der Zeit zerfällt der zentrale Hauptstamm von innen heraus, aber eine neue Eibe wächst aus der schwammigen Masse ihres zerfallenden Vorgängers und läßt sich von diesem schließlich nicht mehr unterscheiden. Deshalb gilt die Eibe als Symbol des hohen Alters, der Wiedergeburt und der Reinkarnation. Sie ist der Quell der Jugend im Alter und des Alters in der Jugend, Symbol des neuen Jahres, das aus dem alten geboren wird, und der neuen Seele, die aus uralten Wurzeln in einen scheinbar neuen, jungen Körper tritt.

Ein alter, bretonischer Volksglaube behauptet, die Eibe treibe eine Wurzel in den offenen Mund jedes Leichnams, der auf dem Friedhof begraben wird. Diese Wurzel ist ein Symbol der Wiedergeburt: der Geist des Menschen wird in ähnlicher Weise neues Leben erhalten, wie die Eibe ihre eigene Wiedergeburt erfährt.

EIBE

Das der heiligen Columba geweihte Eiland westlich der schottischen Insel Mull heißt heute Iona. Dies ist auf einen Schreibfehler in einem Manuskript aus dem 5. Jahrhundert zurückzuführen, in Wirklichkeit sollte der Name Ioho oder Ioha lauten. Die Traditionen dieser Insel sind eng verbunden mit Wiedergeburt und Reinkarnation. Die uralten Haine der Barden wurden vom heiligen Columba übernommen, der aus Irland geflohen war, um neue Weidegründe für die wachsende Zahl seiner christianisierten Schäflein zu erobern. So wurde Iona zu einem Ort der Reinkarnation und des Zaubers für den christlichen Glauben. Wenn man auf dem Hügel der ewigen Jugend, Dun I, im Norden der Insel steht und die Wolken vorüberziehen sieht, die sich über Schottland abregnen werden, fühlt man sich an die Stärke der Seele erinnert und ihre Fähigkeit zur kontinuierlichen Wiedergeburt. Die Bucht vor dem Meer spiegelt die untergehende Sonne wider, die äußeren Hebriden im Westen und die wichtige Traumzeit der wandernden Kelten.

Die Karte der Eibe stellt Sie in direkte Verbindung mit Ihrer Vergangenheit. Ihre spirituelle Kraft wird erneuert, Ihr Leben erhält neue Energie, und Sie vermögen zu verstehen, was war, was ist und was immer sein wird.

In Wahrheit kann diese Karte keine umgekehrte Position zeigen, denn die Wiedergeburt ist ein fortwährender Prozeß. Sie erleben vielleicht Rückschläge oder das Leben führt eine Zeitlang in die falsche Richtung, aber es wird sich immer wieder ein Neubeginn anbieten.

KOAD

In Alba, dem heutigen Schottland, gibt es bestimmte Baumgruppen, die schon immer geachtet wurden. Aberglauben umrankt sie – daß zum Beispiel ihre Zweige niemals gestutzt oder beschnitten werden dürften. Solche Bäume sind als »bell trees« bekannt, was sich von dem gälischen *bile* ableitet und eine Gruppe von Bäumen bezeichnet. Sie sollen die Überbleibsel oder Überlebenden von uralten Druidenhainen sein, die in der Regel von Eichen umstanden waren, aber in manchen Fällen auch von anderen Bäumen, die immer in der Nähe einer Quelle wuchsen. Tatsache ist jedenfalls, daß die heutige Tradition der freien Rede von dem druidischen Brauch stammt, alle Zusammenkünfte im Freien abzuhalten, »im Angesicht der Sonne und im Auge des Lichtes«. Solche Treffen wurden zu rituellen Zwecken sowie zum Rechtsprechen angesetzt.

Der Llandin, der Parlamentshügel im Norden Londons, heißt so, weil er in alten, cymrischen (keltischen) Zeiten ein Gorsedd, ein Versammlungshügel, war. Spuren künstlich angelegter Terrassen und Gräben aus ferner Vorzeit sind noch heute erkennbar. Eine inzwischen umgeleitete Quelle pflegte an seiner Flanke zu entspringen.

HAIN

Die Ogham-Karte des Haines steht für alles Wissen eines heiligen Ortes, an dem alles verbunden ist und im Zusammensein, im Einssein klar wird – wie die Haine der Alten vom Sinn der Bäume geprägt waren und die Versammelten zu einem gemeinsamen Ziel vereinten. Alle Bäume des Alphabets werden mit Gottheiten, Festen, Monaten im Jahreslauf, Mythen, Legenden und anderem assoziiert. Um ihre Weisheit umfassender zu verstehen, müssen Sie hinter das blicken, was die Oberfläche zeigt, müssen Sie die dem Leben zugrunde liegenden Prinzipien schauen, die spirituellen ebenso wie die natürlichen: die Entwicklungsmuster der Seele, die Jahreszeiten und der Kosmos, die uns alle umgeben. Der Hain versammelt für Ihre Reise alles in den Bäumen verborgene Wissen. Er birgt das Wissen um alles, was Sie bereits erfuhren oder noch zu lernen imstande sind.

Wenn die Karte umgekehrt erscheint, dann können Sie vor lauter Bäumen den Wald nicht sehen. Konzentrieren Sie sich nicht zu verbissen auf nur einen oder zwei Aspekte, denn damit schließen Sie so vieles aus, das Ihnen ebenfalls bekannt und zur Verfügung ist. Nur indem Sie für alle Weisheit offen sind, die Sie umgibt, können Sie Harmonie erlangen.

OIR

Auch diese Ogham-Karte hat eine doppelte Bedeutung. Sie zeigt nicht nur den Spindelbaum, sondern auch das Element Donner, Tharan, welches auch ein anderer Name für den gleichen Buchstaben ist. Gemeinsam ergeben sich so die Stichworte Süße, Entzücken und plötzlicher Einblick. Das harte Holz des mit dem Pfaffenhüt-chen verwandten, zierlichen Bäum-chens wurde zur Herstellung von Holznägeln, Spulen und Spindeln verwendet und gab ihm seinen volkstümlichen Namen. Das kleine Bäumchen hat eine glatte, graue Rinde und winzige, weiße Blüten. Leuchtend hellrote, tief gelapp-te Früchte an dünnen Stielen verraten im Herbst den Standort der Spindelbäumchen in Heckenreihen. Der Don-ner und sein Begleiter, der Blitz, bringen das starke, weiße Licht, die Augenblickserhellung, die das Beste in jedem Menschen zum Vorschein bringt. Wie der Awen im Mitt-sommer kurz die jenseitigen Bereiche erhellt, bringt Tharan Einblick.

Die Bedeutung dieser Karte wird auf einer tiefergehen-den Ebene durch eine Sage über Lugh illustriert, dessen Vater Cian von den drei Söhnen des Tiurenn – Brian, Iuchar und Iucharba – getötet wurde. Zur Strafe wurden ihnen von Lugh acht Aufgaben gestellt; die letzte bestand darin, drei Rufe auf Cnoc Miodhain, einem Berg, ertönen zu lassen. Nachdem sie die ersten sieben Aufgaben erfüllt

SPINDELBAUM

und dabei verschiedene Zaubertiere und -gegenstände nach Lughs Wunsch erlangt hatten, wandten sie sich ihrer letzten Aufgabe zu. Aber der Berg gehörte zum Besitz eines Feindes, der ihn bewachte, und so wurden sie von diesem getötet, nachdem sie den Gipfel erreicht und die Rufe von sich gegeben hatten.

So erfüllten die drei Söhne des Tiurenn die schwerste, letzte Aufgabe, die ihnen Vollendung und ihren Lohn einbrachte. Ähnliches gilt auch in unserem Leben: Freude erwächst aus dem Einsatz aller unserer Kräfte zur Erfüllung der Aufgaben, die uns gestellt sind, ohne auszuweichen und mit der Hilfe, der Erhellung, die das Beste in uns offenbart. Wenn Sie nicht nur aus Pflichtgefühl und unter Zwang handeln, sondern allein, weil Sie wissen, daß Sie zu handeln haben, wird Ihnen das tiefste innere Glück zukommen, für das Sie gearbeitet, das Sie verdient haben.

Wenn diese Ogham-Karte umgekehrt erscheint, dann denken Sie daran, daß Süße und Entzücken auf verschiedenen Wegen kommen können. Vielleicht erscheinen sie ganz plötzlich, unverlangt und unverdient – häufig aber sind sie nur als Früchte unserer besten Bemühungen zu erfahren, die am Ende eine größere Erfüllung schenken. Wenn Sie meinen, ein Recht auf Glücklichsein zu besitzen, werden Sie es nie erleben.

UILLEAND

Die Watts-Grabkapelle in Compton, Surrey, wurde von Mrs. G. F. Watts in den neunziger Jahren des 19. Jahrhunderts für ihren Gatten entworfen und errichtet. Dieses einzigartige bauliche Juwel basiert auf dem Grundriß in der Gestalt eines keltischen Kreuzes und trägt reichen Schmuck keltischer und allegorischer Muster. Der Innenraum ist ausgemalt, das Äußere mit handgefertigten Terrakotta-Dekorationen verziert. Oben an der Außenmauer sind drei Medaillons mit Darstellungen von »der Weg, die Wahrheit und das Leben«. Hierbei ist »das Leben« symbolisch vertreten durch einen Baum, und ein kretisches Labyrinth zeigt »den Weg«. Das gewundene, verflochtene Geißblatt oder Jelängerjelieber hat – wie der Efeu – mit dem Selbst zu tun. Während der Efeu sich um die Suche nach dem Selbst bemüht, zeigt das Geißblatt den Weg dahin – den besonderen Tanzschritt oder Gang, der ins Labyrinth des inneren Wissens führt.

Der mit dem Geißblatt assoziierte Vogel ist der Kiebitz, der das Geheimnis im innersten Zentrum des Labyrinths verbirgt. Wird der Kiebitz von seinem Nest aufgestört, fliegt er auf und davon und stößt seine charakteristischen Schreie aus, um die Aufmerksamkeit von seinem Gelege abzulenken, denn die Eier liegen getarnt, aber leicht zugänglich im Nest am Boden. Um sein verborgenes Geheimnis zu finden, müssen Sie den Ausgangspunkt seines

GEISSBLATT

Fluges zurückverfolgen und sich nicht vom lauten Schreien ablenken lassen.

Unter dem Einfluß dieser Ogham-Karte werden Sie befähigt, Falsches von dem zu unterscheiden, was echten Wert besitzt und für Ihre spirituelle Reise nützlich ist, um so Ihren Weg in die Mitte zu finden. Das Geißblatt wird Ihnen helfen, Ihren Überzeugungen und Grundsätzen treu zu bleiben und sicheren, leichten Schrittes zu gehen. Diese Karte wird Ihnen auch helfen, sich selbst zu führen und Ablenkungen zu ignorieren, bis sie den Punkt auf Ihrem Flug erreichen, an dem die fruchtbaren Geheimnisse der Seele wartend liegen.

Umgekehrt zeigt diese Karte eine Unsicherheit auf dem Wege an, den Sie beschreiten. Sie müssen Gewißheit in sich gewinnen, um die verborgenen Geheimnisse zu finden, die in Wirklichkeit nicht unerreichbar sind, wie Sie vielleicht insgeheim annehmen, sondern nur schwer vor dem Lärm des Hintergrundes zu unterscheiden.

PHAGOS

Buchenholz hat eine feine Maserung und ist leicht zu bearbeiten; es ergibt eine sehr glatte, ebene Oberfläche. Früher wurden Buchentafeln aufgrund dieser Eigenschaften als Schreiboberflächen verwendet. Die Wörter »Buch« und »Buche« haben den gleichen Ursprung. »Eine neue Seite aufschlagen« ist uns als ein übertragener Begriff bekannt, der ursprünglich aus der Welt des Buches stammt. Phagos, die Buche, ist als Ogham-Karte verbunden mit uraltem Wissen, wie es sich durch alte Gegenstände, Stätten und Schriften offenbart. Diese Weisung aus der Vergangenheit kann Ihnen helfen, Einsicht zu gewinnen, die einen Schutz auf solider Grundlage bietet, von dem alles andere abhängt.

Das Ziehen dieser Ogham-Karte hat viel über das Gestern zu sagen, das auch noch heute von Bedeutung ist. Wie die Weisheit und Schönheit von früher, wie Geschmack und Vorstellungen sich ändern oder abgelegt werden, wird auch der Durst nach Wissen im suchenden Geist immer weiter Bestand haben. Es wird oft nötig sein, daß Sie sich an die Vergangenheit und deren Werke wenden, um verlorene Weisheit wiederzuentdecken und um eine feste Basis zu bilden, auf der Sie weitere Vorstellungen und Deutungen bauen können. Wenn ein Schriftsteller oder Handwerker den Drang oder das Gefühl verspürt, sein Empfinden in greifbarer Form auszudrücken, dann haben

BUCHE

auch Sie die Verpflichtung, dieses Werk zu betrachten und es zur rechten Zeit fortzuführen.

Die Entdeckung eines alten Buches bringt vielleicht unvorhergesehene Information. Mit alten Gegenständen umzugehen oder einen Ort aufzusuchen, der mit der Vergangenheit verbunden ist, wird Ihnen ein Verstehen der Menschen und Ereignisse bringen und die Erinnerungen mit neuem Leben erfüllen, die Sie in sich brauchen. Vielleicht wird der Rat eines älteren Menschen, der größeres Verständnis und einen reicheren Erfahrungsschatz zeigt, Ihnen helfen, Ihre Angelegenheiten in einem anderen Licht zu sehen, und Ihnen die Weisheit geben, Veränderungen durchzuführen.

Wenn diese Karte umgekehrt erscheint, ist es wichtig, alles, was an Rat oder Weisung aus solchen Quellen auf Sie zukommt, nicht als altmodisch, überholt oder völlig undurchführbar abzutun. Worte wurden aufgeschrieben, Stätten wurden erbaut und Erfahrungen wurden erworben: Alles kostete seinen Preis, das sollten Sie bedenken und respektieren. Erwägen Sie auch, daß Ihnen möglicherweise Hilfe angeboten wird, um Fehler aus Unwissenheit zu vermeiden durch das Wissen aus der Vergangenheit, das Ihnen zugetragen wird.

MÓR

Manawydden oder Manannan, der Gott des Meeres, hatte – so erzählt der Mythos – einen besonderen Beutel aus der Haut eines Kranichs, in dem er seinen kostbaren Besitz barg. Zur Zeit der Flut wurden diese Gegenstände dem Auge sichtbar, bei Ebbe verschwanden sie wieder. Kraniche waren den Druiden heilige Vögel. Sie wurden verehrt, weil ihre Schwingen im Fluge Ogham-Muster bildeten. Manawyddens Kranichbeutel ist also ein Druidenbeutel voller Geheimnisse – das keltische Äquivalent der Kabbala und ein Symbol der Ogham-Buchstabensprache überhaupt.

St. Columba wurde der Kranich-Geistliche genannt, weil er über druidisches Wissen und Schulung verfügte; St. Patrick war der Sohn eines Barden. Die Culdee-Kirche, die früheste Kirche auf britischem Boden, die die griechische statt der lateinischen Sprache verwendete, hatte noch viele der alten keltischen Glaubensinhalte übernommen. Viele Culdee-Mönche und Priester waren die spirituellen Erben von Druiden, die von Mona oder Anglesey geflohen waren, nachdem die Römer dort ein Massaker durchgeführt hatten. Als Columba auf Iona angekommen war, richtete er auf der Insel eine mönchische Gemeinschaft wieder ein, die schon lange zuvor druidische Mystiker beherbergt hatte.

MEER

Diese Karte zu ziehen, ist ein Hinweis auf verborgenes Wissen, das zugänglich ist, wenn der Mond und die Flut ihren Höhepunkt haben. Es handelt sich um verborgene Tiefen und Quellen, besonders um jene, mit denen Sie geboren wurden, die Sie ererbt haben. Das Meer (Wasser) ist Symbol des Lunaren, Weiblichen, und bildet eine Verbindung zwischen Ihrem Geburtsort und den Landen, die vielleicht das Ziel Ihrer spirituellen Reise sind. Es steht auch für alles Mütterliche – und natürlich für die Reise an sich.

Wenn diese Karte, die sich auf das Meer und seine verborgenen Tiefen, Reise und mütterliche Bindungen bezieht, umgekehrt gezogen wird, kann das bedeuten, daß Sie in die falsche Richtung reisen oder sich von Ihren Wurzeln abkehren. Diese aber sollten Ihnen als Quelle dienen, die Sie im Tiefinneren leitet.

DAS DEUTEN 3 DER KARTEN

Bevor Sie sich dem praktischen Aspekt des Baum-Alphabets zuwenden, halten Sie ein wenig inne und denken Sie nach. Man sollte nicht vergessen, daß jeder Kelte – ob heute oder in historischer Zeit – sich der Tatsache bewußt war, daß das Feenland parallel neben unserem besteht – wenn auch leise und verborgen. Es ist immer da und macht sich zuweilen ohne Vorwarnung bemerkbar. So geht auch das Unterbewußte, die Pforte zu der wesentlichen, symbolischen Welt, von der wir sprechen und zu der wir in diesem Kapitel Zugang suchen, still neben uns her und ist immer da, bei allem, was wir tun oder denken.

Das Ogham-Weissagungssystem wurde um ungefähr 600 v. Chr. geschaffen und von vielen verschiedenen keltischen Menschen bis ins 14. Jahrhundert verwendet. Hinweise darauf gibt es noch in der Volksdichtung, und vielen ist es auch heute noch eine Quelle der Inspiration und inneren Führung. Es bietet einen sicheren und zuverlässigen Weg, der nie schwanken wird.

DIE VERWENDUNG DER KARTEN

Das Ogham (häufig ausgesprochen wie *owam* oder *ohm* – wie die Mantrasilbe) wurde nun durch diese Karten neu geschaffen und läßt sich genauso verwenden, wie die keltischen Barden es vor vielen Hunderten von Jahren gebrauchten. Die Technik an sich ist nicht kompliziert oder schwierig zu lernen, aber um Ihre Geschicklichkeit zu üben, ist es am besten, jedesmal genau auf die gleiche Weise vorzugehen. So wird sich aus Ihren Erfahrungen in jüngerer Vergangenheit und jenen der Gegenwart allmählich ein Muster herauskristallisieren, und je mehr Übung Sie erlangen, desto klarer werden Sie Ihre Verbindung zu Vergangenheit, Gegenwart und Zukunft verstehen und neue Einblicke in Ihre Umgebung erlangen.

Denken Sie daran, daß diese Methode des Weissagens – mit Ausnahme der letzten Karte (»Mór – das Meer«) – Symbole aus der Welt der Bäume und Sträucher verwendet. Bäume haben den Menschen seit Beginn seiner Geschichte begleitet. Sie erreichen in der Regel eine Lebenszeit, die die unsere bei weitem übersteigt, und sie sind sicher und zuverlässig; das einzige Zugeständnis im Sinne von Veränderungen ist vom Kreislauf der Jahreszeiten diktiert.

Zeit und Ort zum Kartenlegen

Um die Ogham-Karten in gutem Zustand zu erhalten, wickelt man sie am besten in ein weiches Material. Die Farbe dürfen Sie selbst auswählen, sie sollte Sie aber ansprechen, denn das hilft Ihnen, eine Verbundenheit mit den Karten herzustellen.

Zu wissen, wann Sie die Karten legen, lernen Sie mit zunehmender Erfahrung. Man sollte jedenfalls für die gleiche Fragestellung nicht zu häufig das Baum-Orakel befragen (außer vielleicht, solange Sie noch die Grundtechnik lernen und üben), sondern vielleicht nur jeden Monat bei Neumond oder alle sechs Wochen zur Zeit der alten Feste, deren es acht im Laufe des Jahres gibt (siehe »Keltischer Kalender« im Anhang).

Wenn Sie beispielsweise einen Überblick über das vor Ihnen liegende Jahr wünschen, dann wählen Sie den Samhain-Termin (1. November), um die Karten zu legen; für eine Zusammenfassung und nachträgliche Einschätzung eignet sich Lugnassadh (1. August). Für Fruchtbarkeit wählen Sie Beltane (1. Mai), und zur Heilung Brigantia (1. Februar). Es ist das beste, wenn Sie eine feste Zeit und einen gleichbleibenden Ort für das Kartenlegen bestimmen. Dies sollte ein Ort sein, wo Sie ruhig und ungestört bleiben und sich entspannt fühlen können.

Die Karten zu legen und zu deuten – sei es für Sie selbst oder für einen anderen Fragesteller –, ist eine Form der Meditation, in der Sie allein – oder in Gesellschaft des Fragestellers – für ein bestimmtes Problem oder eine Vorgehensweise Hilfe erstreben. Das Ogham ist eine wirkungsvolle Methode, die zu einem klaren, geraden Blick auf einen Lösungsweg verhilft.

Eine flache Unterlage – zum Beispiel ein Tisch – eignet sich am besten für das Kartenlegen. Vielleicht haben Sie den Wunsch, Ihren Tisch mit einem besonders gemusterten oder gewebten Tuch zu schmücken. Das ist zwar nicht notwendig, aber es wird Ihnen helfen, sich auf frühere Gelegenheiten zu besinnen, bei denen Sie die Karten legten. Wenn sich gerade ein störender Einfluß geltend macht oder wenn Sie in einem sehr betriebsamen Raume sind, dann sollte es nicht zu schwierig sein, eine weiße Kerze zu entzünden und sie vor sich auf den Tisch zu stellen. Dieses Mittel empfiehlt sich auch bei anderen Meditationsmethoden; es wird Ihnen helfen, Ihre Aufmerksamkeit zu konzentrieren und so störende Einflüsse von außen abzuschalten.

VORBEREITUNGEN

Wenn Sie die Karten zum ersten Mal in die Hand nehmen, mischen Sie sie zunächst gründlich. Wie noch später erklärt wird, ist dies danach nie wieder nötig, aber falls Sie die Karten irgendwann doch wieder mischen, schadet es nicht. Wenn Sie die Karten des Baum-Orakels für einen Fragesteller legen, ist es gut, neben diesem – statt ihm gegenüber – zu sitzen. Damit ist gleich von Anfang an jegliche Verwirrung ausgeschlossen, ob eine gezogene Karte in der umgekehrten Position (kopfstehend) zu liegen kommt.

Im Gegensatz zu anderen Methoden des Weissagens sind beim Ogham keine negativen Aspekte mit der Möglichkeit verbunden, daß eine Karte umgekehrt erscheint. In manchen Fällen wird die Deutung der umgekehrten Karte jedoch anders ausfallen, dann können Sie auf die ausführlichere Erläuterung jeder Karte in Kapitel 2 zurückgreifen.

Um die Aussagegenauigkeit beim Kartenlegen zu fördern, ist es hilfreich, wenn der Fragesteller seine Frage bereits fertig formuliert hat. Sie muß nicht verbal geäußert werden, sollte aber im Brennpunkt seiner Aufmerksamkeit stehen. Im Laufe des Verfahrens sollten Sie auch Ihre Konzentration immer auf den Zweck der Befragung des Orakels gerichtet halten.

Es ist freilich auch möglich, die Karten ganz allgemein zu legen, ohne dabei irgendeine konkrete Frage oder einen Zweifel im Sinne zu haben, der der Klärung bedarf; dann jedoch ist die Interpretation der Karten wesentlich schwieriger, besonders für einen Anfänger.

Auslegen der Karten

Fertigen Sie zunächst Kopien des Protokollblattes an, das Sie mit den Karten erhalten haben, und tragen Sie den Namen des Fragestellers (u. U. Ihr eigener) und den Namen der Person ein, die die Karten legt, sowie Datum, Uhrzeit und Ort.

Nun sollte die Person, die das Orakel befragt und deutet, die 25 Ogham-Karten mit der Bildseite nach unten in fünf Reihen zu je fünf Karten auslegen; so bildet sich eine rechteckige Anordnung. Es spielt keine Rolle, ob Sie mit der oberen oder unteren Reihe beginnen, oder ob Sie von rechts nach links oder umgekehrt legen. Nun sollte der Fragesteller fünf Karten auswählen, die er umdreht, so daß ihre Bildseite sichtbar wird.

Bei einem Blick auf das Protokollblatt werden Sie nun feststellen, daß es numerierte Kartenumrisse zeigt. Um die vom Fragesteller ausgewählten Karten in der richtigen Reihenfolge zu notieren, füllen Sie nun die dafür vorgesehenen Plätze aus. Der Kreis in der Mitte jedes Kartenumrisses ist für das Ogham-Symbol vorgesehen. Die vollständige Reihe aller Symbole finden Sie auf dem Protokollblatt ganz

1. Schritt: Legen Sie die Karten mit der Bildseite nach unten in fünf Reihen zu je fünf Karten aus.

2. Schritt: Wählen Sie fünf Karten und decken Sie sie auf.

unten; und es ist auch ausreichend Platz, um den gälischen oder deutschen Namen der Karten unterhalb des zentralen Kreises einzutragen. Wenn die gewählte Karte einen, zwei oder drei Punkte trägt, so zeigt das den Rang als Strauch, Bauer oder Häuptling an (siehe Einführung zu Kapitel 2), der ebenfalls zu vermerken ist.

Wenn dieser erste Schritt vollendet ist, sollte die Person, die das Orakel befragt, die fünf aufgenommenen Karten nehmen und wieder mit der Bildseite nach unten auf den Tisch legen. Dieses Mal jedoch werden die Positionen der Karten verändert und auch mit der von bisher nicht aufgedeckten, Karten vertauscht. An dieser Stelle ist es wichtig, darauf hinzuweisen, daß der Fragesteller sich noch einmal ein bis zwei Minuten auf seine Frage konzentriert, bevor er dann erneut fünf Karten auswählt und aufdeckt.

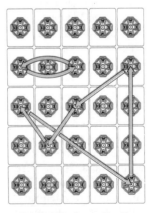

3. Schritt: Notieren Sie diese Karten und legen Sie sie an vertauschten Stellen wieder verdeckt zurück auf den Tisch.

4. Schritt: Pause. Erneutes Auswählen – Aufdecken – Notieren. Danach wird der Vorgang ein letztes Mal wiederholt.

Wieder werden diese Karten nach der gleichen Methode wie zuvor aufgezeichnet; achten Sie darauf, daß Sie auch auf dem Protokollblatt genau die richtige Reihenfolge angeben. Legen Sie die Karten dann auf den Tisch zurück, vertauschen Sie ihre Positionen untereinander und mit weiteren Karten. Es spielt keine Rolle, falls einige Karten mehr als einmal gezogen werden. Nun wird der gleiche Vorgang ein drittes und letztes Mal durchgeführt, nachdem der Fragesteller wieder ein bis zwei Minuten der stillen Meditation und Besinnung gewidmet hat.

Nachdem insgesamt 15 Karten ausgewählt und ihre Namen an die entsprechenden Stellen auf Ihrem Protokollblatt eingetragen wurden, ist die erste Stufe des Kartenlegens abgeschlossen. Jetzt sind alle Karten aufzunehmen, und zwar wahllos abwechselnd aus verschiedenen Reihen und Positionen innerhalb der Reihen. So werden die Karten gründlich gemischt und können beim nächsten Mal sofort wieder ausgelegt werden. Wickeln Sie die Karten behutsam in das Stück Tuch, das Sie für diesen Zweck bestimmt haben, und legen Sie sie an einen sicheren Ort.

DIE DEUTUNG DER KARTEN

Nun haben Sie die Namen der 15 gezogenen Karten an die entsprechenden Positionen in den drei großen Kreisen eingetragen in der Reihenfolge Norden – Süden – Osten – Westen – Mitte und beginnend mit dem ersten Kreis (Abred), endend mit dem dritten Kreis (Ceugant). Wenn Karten mehr als einmal auftauchen, dann verbinden Sie sie durch eine Linie. Das wird Ihnen helfen, den Zusammenhang visuell leichter wahrzunehmen, und wird auch eine Stütze bei der Deutung sein. Doch im Augenblick ist die rechte Seite des Protokollblattes noch leer.

Die Bedeutung der Kreise

Jeder der drei Kreise entspricht einem Gemütszustand des Fragestellers; diese Gemütszustände werden zunehmend tiefer und passiver. Der erste Kreis ist die Vergangenheit mit den Einflüssen, die die Umgebung des Fragestellers bestimmen. Je nach der gestellten Frage kann der erste Kreis auch als der Zustand der Verwirrung betrachtet werden, in dem man sich augenblicklich befindet.

Der zweite Kreis ist die Gegenwart und die Position, in der der Fragesteller sich zur Zeit des Kartenlegens befindet. Er kann aber auch als eine Darstellung des Ausgleichs gedeutet werden, der im Augenblick notwendig ist, um das vorliegende Problem zu bewältigen.

Der dritte und letzte Kreis ist der Weg voran, vielleicht die Zukunft oder die Bestrebungen des Fragestellers – möglicherweise auch die schöpferische Kraft, die das derzeitige Problem lösen kann.

Die fünf Positionen innerhalb der drei Kreise beziehen sich auf die vier Elemente und das ätherische, spirituelle Zentrum sowie auf die fünf mythischen Burgen oder Städte, die sie beschützen; sie werden am Ende dieses Kapitels näher beschrieben.

Die fünf Karten in jedem Kreis zeigen jeweils unterschiedliche Aspekte der Frage oder des anstehenden Problems:

Die erste Karte, Erde, ist die *Grundlage* und Basis.

Die zweite Karte, Feuer, ist der *Brennpunkt*, also das, was augenblicklich die Hauptsache ist.

Die dritte Karte, Luft, ist Atem oder *Stimmgebung* und bezieht sich auf Dinge, die ausgesprochen werden.

Die vierte Karte, Wasser, steht für *Träume* durch die Einflüsse des Mondes und der See.

Die fünfte Karte, die *Ätherische Verbindung*, ist der rote Faden, der alle Aspekte der Frage oder des Problems durchzieht, sie miteinander verbindet und ihnen Zusammenhalt verleiht.

Nun ist es notwendig, sich dem bisher unausgefüllten Teil Ihres Protokollblattes zuzuwenden. Tragen Sie zunächst die Namen der drei ersten Karten (Grundlagekarten) auf gälisch oder deutsch ein oder verwenden Sie einfach das Ogham-Symbol, wenn es Ihnen lieber ist. Vergessen Sie nicht, den Strauch-, Bauern- oder Häuptlingsrang zu übertragen, falls es zutrifft. Unter den Zeilen für die Kartennamen ist noch Raum, um die Grundbedeutung jeder Karte einzutragen, wie Sie sie in der Kurzfassung am unteren Ende des Blattes befinden. Tragen Sie diese Stichwörter bitte ebenfalls ein. Gehen Sie nun zum nächsten Schritt weiter, bis Sie alle Informationen für alle fünf Aspekte angegeben haben.

Nun können Sie den kleinen Notizblock benutzen und sich Notizen über Ihre eigenen Gedanken zu diesen von Ihnen gezogenen Karten machen. Sie können Hinweise auf die umfassendere Deutung jeder Karte und ihren symbolischen Sinn in Kapitel 2 hinzufügen, falls dies notwendig ist, um etwaige Zweifel in bezug auf die Kurzinformationen auf dem Protokollblatt auszuräumen. Vermerken Sie besonders sorgfältig, ob Karten umgekehrt oder mehrfach erschienen, denn auf dieser letzten Stufe der Betrachtung wird deren Bedeutung spürbar. Notieren Sie auch, ob Häuptlinge (drei Punkte) aufgetreten sind, denn ihr Erscheinen wird die Bedeutung leicht unterstreichen. Da schließlich 13 der Ogham-Karten mit den 13 lunaren Monaten des keltischen Jahres assoziiert werden, kann das Ziehen von Kalenderbäumen anzeigen, wann gewisse Ereignisse möglicherweise eintreten.

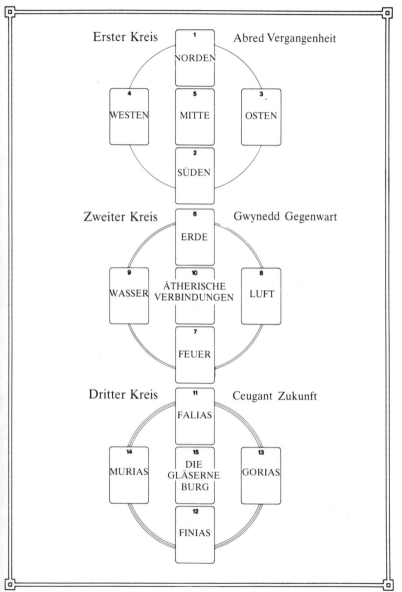

87

Alle diese Details sollten in dem Notizblock vermerkt werden, um eine dauerhafte Aufzeichnung der Resultate Ihres Baum-Orakels zu bilden. In der Zukunft werden Sie diese Genauigkeit noch zu schätzen wissen, wenn die Dinge sich entfalten und Sie zurückblättern möchten, um Ihre anfänglichen Gedanken zu studieren. Wenn Sie im Laufe der Zeit vertrauter mit den Karten und ihrer Bedeutung sowie mit dem Aufzeichnungsverfahren geworden sind, empfinden Sie es vielleicht als bequemer, einfach rasch die Ogham-Symbole und Ihre Bemerkungen und Gedanken in ein eigenes Notizbuch einzutragen.

Beispiel

Das folgende Beispiel soll den Vorgang des Kartenlegens und den Gebrauch des Protokollblattes verdeutlichen. Aufgrund des Wesens dieser Ogham-Methode der Weissagung wurde für das Beispiel keine Frage oder Problematik vorgelegt, deshalb wird auch keine Analyse angeboten. Sie werden jedoch zusätzlichen Einblick in die Interpretation der Karten erlangen, wenn Sie das nächste Kapitel lesen, in dem einzelne Fallbeispiele wiedergegeben sind.

Wenn im derzeitigen Stadium die Karten für eine andere Person befragt werden, kann der Fragesteller die Frage vorlegen, um deren Lösung er die Karten angeht. Dies wird offenkundig dazu beitragen, die Befragung besser zu konzentrieren, und auf jeden Fall läßt sich so eine allgemeine Kartenziehung durchführen. Ist die Frage ausgesprochen, so tragen Sie diese am vorgesehenen Platz auf dem Protokollblatt ein. Bedenken Sie auch, daß das Ergebnis der Kartenziehung für den Deutenden scheinbar ohne Sinn sein mag, aber dem Fragesteller alles sagt. Sie werden auch recht direkte und überraschende Resultate erleben, die deutlich

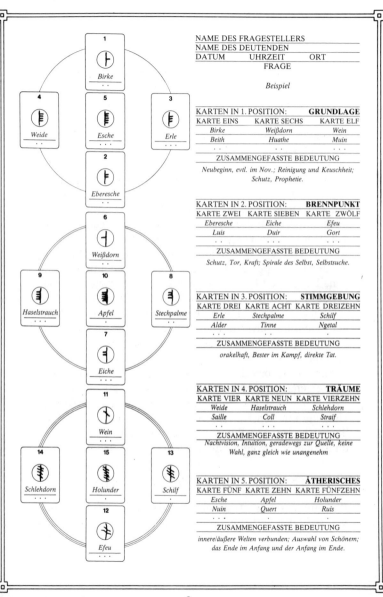

NAME DES FRAGESTELLERS

NAME DES DEUTENDEN

DATUM   UHRZEIT   ORT

FRAGE

Beispiel

1

Birke
· ·

4

Weide
· ·

5

Esche
· · ·

3

Erle
· · ·

2

Eberesche
· ·

6

Weißdorn
· ·

9

Haselstrauch
· · ·

10

Apfel
·

8

Stechpalme
· ·

7

Eiche
· · ·

11

Wein
· · ·

14

Schlehdorn
· · ·

15

Holunder
·

13

Schilf
·

12

Efeu
· · ·

KARTEN IN 1. POSITION: **GRUNDLAGE**

KARTE EINS	KARTE SECHS	KARTE ELF
Birke	Weißdorn	Wein
Beith	Huathe	Muin
· ·	· ·	· · ·

ZUSAMMENGEFASSTE BEDEUTUNG

Neubeginn, evtl. im Nov.; Reinigung und Keuschheit;
Schutz, Prophetie.

KARTEN IN 2. POSITION: **BRENNPUNKT**

KARTE ZWEI	KARTE SIEBEN	KARTE ZWÖLF
Eberesche	Eiche	Efeu
Luis	Duir	Gort
· ·		· · ·

ZUSAMMENGEFASSTE BEDEUTUNG

Schutz, Tor, Kraft; Spirale des Selbst, Selbstsuche.

KARTEN IN 3. POSITION: **STIMMGEBUNG**

KARTE DREI	KARTE ACHT	KARTE DREIZEHN
Erle	Stechpalme	Schilf
Alder	Tinne	Ngetal
· · ·	· ·	·

ZUSAMMENGEFASSTE BEDEUTUNG

orakelhaft, Bester im Kampf, direkte Tat.

KARTEN IN 4. POSITION: **TRÄUME**

KARTE VIER	KARTE NEUN	KARTE VIERZEHN
Weide	Haselstrauch	Schlehdorn
Saille	Coll	Straif
· ·	· · ·	·

ZUSAMMENGEFASSTE BEDEUTUNG

Nachtvision, Intuition, geradewegs zur Quelle, keine
Wahl, ganz gleich wie unangenehm

KARTEN IN 5. POSITION: **ÄTHERISCHES**

KARTE FÜNF	KARTE ZEHN	KARTE FÜNFZEHN
Esche	Apfel	Holunder
Nuin	Quert	Ruis
· · ·	·	·

ZUSAMMENGEFASSTE BEDEUTUNG

innere/äußere Welten verbunden; Auswahl von Schönem;
das Ende im Anfang und der Anfang im Ende.

auf die Frage oder Problematik ansprechen. Falls Ihnen die Antworten aber eigenartig erscheinen, dann machen Sie sich keine Sorgen deswegen – die Zeit wird es zeigen.

Achten Sie auch darauf, nicht mehr als einmal im Monat für den gleichen Fragesteller die Karten zu ziehen. Die Umstände verändern sich nur langsam, und diese Methode der Weissagung betrifft die ferneren, unmittelbaren und derzeitigen Aktivitäten, so daß Auswirkungen unter Umständen erst Monate nach der Befragung des Orakels erscheinen.

Es ist wichtig, daß Sie sich jede Befragung notieren, aber auch die Veränderungen und Wahrnehmungen, die Sie selbst durch den Umgang mit den Karten erfahren. Viele Karten und die mit ihnen verbundenen Charakterzüge werden für Sie persönlich eine besondere Bedeutung gewinnen. Da es sich hier um eine psychisch-mediale Methode handelt, bei der symbolische Aspekte zur Anwendung gelangen, wird ein Mehr an Energie, das Sie in die Ziehung und Deutung investieren, auch ein Mehr an Sinn und Bedeutung der Resultate erbringen. In seinen Ergebnissen, ist Ogham so direkt wie das I Ging, und mit diesem verbindet es auch die Gemeinsamkeit, daß der Deutende eine eigene, persönliche Interpretation anstellen muß.

In dem Maße, in dem Sie Ihre eigene Geschicklichkeit im Umgang mit den Karten entfalten, wird auch das Ogham Schritt halten und Ihnen Hilfe und Geleit bieten auf den unerkundeten Routen, die noch vor Ihnen liegen.

INSPIRATION UND ERKENNTNIS

Wir müssen uns etwas eingehender mit der keltischen Weltsicht beschäftigen, um zu verstehen, warum die Karten in drei Kreisen ausgelegt werden. Jeder dieser Kreise bildet ein keltisches Kreuz, d. h. ein Kreuz, das von einem Kreis umgeben ist; die fünf Positionen der Karten werden von den Kreuzungspunkten von geraden Linien und Kreisumfang gebildet. Die keltischen Stämme standen den Griechen und dem pythagoreischen Denken bekanntlich sehr nahe, und in jener vorchristlichen Zeit verbanden sie sehr viel religiöse Bedeutung mit Zahlen. Man nimmt an, daß die wichtigsten Zahlen für die Kelten wohl Drei und Fünf waren.

Die drei Kreise

Zwei Ur-Seinsprinzipien kannten die Kelten: das Göttliche (schöpferische Energie, weißes Licht oder die Sonne) und Cythrawl (negative Energie, Destruktion und Schwärze).

Im Anfang gab es nichts als Gott und Annwn (die geistige Welt). Organisiertes Leben begann, in dem der Wort-Gott seinen unsagbar erhabenen Namen aussprach und *manred* gebildet wurde. Dies war die Ursubstanz des Universums, die man sich als eine Vielzahl winziger, unsichtbarer Teilchen vorstellte, deren jedes einen Mikrokosmos darstellte, denn Gott ist vollständig in jedem von ihnen, während es zugleich Teil von Gott, Teil des Ganzen, ist.

Die Gesamtheit alles existierenden Seins wurde durch drei konzentrische Kreise dargestellt. Der innerste Kreis, wo das Leben aus Annwn entsprang, hieß Abred; er ist die Stufe von Streit und Evolution – der Kampf des Lebens mit Cythrawl. Darauf folgt der Kreis von Gwynedd, der Reinheit, in der das Leben sich als reine, sich freuende Kraft manifestiert, die ihren Triumph über das Böse erreicht hat. Der letzte, äußere Kreis heißt Ceugant, die Unendlichkeit, für die uns alle Attribute fehlen. Dieser Kreis, der nicht mit einer durchgehenden Linie, sondern als Strahlenkreuz dargestellt ist, wird allein von Gott bewohnt.

Zwei Darstellungen des keltischen Weltbildes. Der *links* abgebildete Stein stammt aus Trecastle in Wales und zeigt die Reise der Seele durch die verschiedenen Bewußtseinsbereiche Abred, Gwynedd und Ceugant, die *unten* als konzentrische Kreise dargestellt sind. Der Stein ist vermutlich aus einer Grabkammer und befindet sich heute im British Museum in London.

Die Grundlage der keltischen Schöpfung ist also eine Trinität. Die Konstruktion dieser ineinandergreifenden Kreise der Existenz wird in einem Abschnitt der bardischen Arbeit *Barddas** erklärt, in der das keltische Gedankengut in Form von Fragen und Antworten dargelegt wird:

* *Barddas* wurde unter der Schirmherrschaft der Welsh Manuscript Society 1862 in Llandovery veröffentlicht.

Frage *Woher bist du gekommen? Und was ist dein Ursprung?*

Antwort *Ich komme aus der Großen Welt und habe meinen Ursprung in Annwn.*

Frage *Wo bist du nun? Und wie kamst du dahin?*

Antwort *Ich bin in der Kleinen Welt, in die ich kam, und habe den Kreis Abred durchquert, und nun bin ich ein Mensch an seinem Ende, an seinen äußersten Grenzen.*

Frage *Was warst du, bevor du ein Mensch im Kreise Abred wurdest?*

Antwort *Ich war in Annwn das Geringste, das noch Leben enthalten konnte, und das dem absoluten Tode am nächsten ist, und ich kam in jeder Form und durch jede Gestalt, die das Leben erzeugen kann, bis in den Zustand des Menschen im Kreise Abred, wo meine Verfassung ernst und schmerzlich war über die Zeitalter hinweg, seit ich in Annwn von den Toten schied durch das Geschenk Gottes und Seine große Freigebigkeit und Seine grenzenlose und endlose Liebe.*

Frage *Durch wie viele verschiedene Gestalten bist du gekommen? Und was ist dir widerfahren?*

Antwort *Durch jede Form, in der Leben möglich ist, im Wasser, in der Erde und in der Luft. Und es widerfuhr mir jegliche Härte, jede Schwierigkeit, jedes Übel und alles Leid, und nur klein war das Gute und Gwynfyd [Gwynedd], bevor ich ein Mensch wurde ... Gynvyd ist nicht zu erlangen, ohne daß man alles sieht und weiß, doch es ist nicht möglich, alles zu sehen und zu erfahren, ohne alles zu erleiden. Und es kann keine vollkommene Liebe geben, die nicht solche Dinge hervorbringt, die notwendig sind, um zum Wissen zu führen, das Gwynvyd erzeugt ...*

Jedes Wesen, wird uns gesagt, soll am Ende den Kreis des Gynedd erreichen.

Die Esche, der kosmische Baum, spielt eine zentrale Rolle in der keltischen wie in der altnordischen Mythologie, in der sie den Namen Yggdrasil trägt. Beide Völker sahen sie als den Pfeiler, der das Universum zusammenhält und durch alle Ebenen oder Kreise der Existenz reicht, vom Tiefsten zum Höchsten und vom Höchsten zum Tiefsten, durch Vergangenheit, Gegenwart und Zukunft; von Himmel zu Hölle – außer, daß die Kelten keine Vorstellung von der Existenz einer Hölle hatten, sondern statt dessen glaubten, daß die Seele sich in aufeinanderfolgenden Leben von Ebene zu Ebene bewegte, bis sie am Ende das Land der Seligen erreichte. Thomas Carlyle, britischer Historiker und Journalist des 19. Jahrhunderts, schrieb in seinem Werk *On Heroes and Hero-Worship* über Odin und die Mythologie Skandinaviens:

Mir gefällt auch das Bild, das sie vom Baum Igdrasil haben. Alles Leben stellen sie sich als einen Baum vor. Igdrasil, die Esche des Daseins, hat ihre Wurzeln tief unten in den Reichen von Hela, dem Tode; ihr Stamm reicht himmelhoch empor und breitet seine Äste über das ganze Universum aus: das ist der Baum des Daseins. An seinem Fuße, im Reich des Todes, sitzen drei Nornen, Schicksalsgöttinnen – Vergangenheit, Gegenwart und Zukunft, die seine Wurzeln aus der heiligen Quelle gießen. Seine Äste mit ihren Verzweigungen und Knospen – Geschehnissen, erlittenen und getanen Dingen, Katastrophen etc. – breiten sich aus über alle Lande und Zeiten. Ist nicht jedes seiner Blätter eine Biographie, jede Faser eine Tat oder ein Wort? Seine Äste sind die Geschichten der Nationen. Sein Rauschen ist das Rascheln der menschlichen Existenz seit Anbeginn. Da wächst die Esche, und der Odem menschlicher Leidenschaft rauscht durch sie – oder der Sturmwind heult und peitscht durch ihre Äste wie die

Stimmen der Götter. Das ist Igdrasil, der Baum der Existenz.
Es ist die Vergangenheit, die Gegenwart und die Zukunft;
was getan wurde, was getan wird und was einst getan werden
wird, »die unendliche Konjugation des Verbums tun« . . . Ich
finde kein Bild, das diesem Baume ähnlicher wäre. Schön ist
er, ganz und gar schön und groß.

Das Wesen der drei Kreise wurde erklärt. Die Seele ist
unvergänglich und stirbt nicht, sondern reist durch Leben
um Leben, um immer höhere Ebenen zu erreichen. Dies
mag einen großen Teil der schwierigen walisischen Poesie
mit ihren Verwandlungen zwischen Tier und Tier erklären.
Das Prinzip der Trinität, einst ein Grundstein des keltischen
Universums, wurde zur Basis der Muster mit dreifachen
Knoten und den vielfältigen, ineinandergreifenden Moti-
ven, die so exquisit im *Book of Kells* dargestellt sind.

Die fünf Aspekte

Der Mittelpunkt des Kreises oder keltischen Kreuzes, der
der letzten Karte jeder Gruppe zugeteilt ist, stellt die
gläserne Burg, Caer Wydyr, dar. Bei den Kelten galt sie als
die Ruhestätte der Toten, ein Ort des Glücks, der Gelassen-
heit und der Freude. Dieses Schloß war in Annwn zu finden.
Es gibt viele Geschichten von Königen, die nach ihrem Tode
in gläsernen Burgen lebten, und in der Artussage war eine
gläserne Burg die ursprüngliche Heimat des Grals sowie der
Ort, an den der Leichnam des Königs Artus von Morgaine,
seiner Schwester, einer Zauberin, gebracht wurde. Die
gläserne Burg wurde auch häufig schon mit der Insel Avalon
oder Glastonbury identifiziert.
   Der Gral oder Kessel in der christlichen und vorchristlichen Mythologie besitzt fünf Verwandlungsstufen oder

Aspekte. In *The High History of the Holy Grail*, geschrieben um das Jahr 1220, wird wiedergegeben, wie »der Gral auf fünf verschiedene Weisen erschien, die nicht zu beschreiben sind, denn die Geheimnisse des Sakraments soll niemand offen sagen denn der, dem Gott sie gegeben hat«.

Die Aspekte der Verwandlung erscheinen so, wie man bereit ist, sie wahrzunehmen. Im *Parzifal* des Wolfram von Eschenbach (entstanden ca. 1200) ist der Gral ein Stein unter der Obhut von Tempelherren. In der *Diu Crone*-Version nimmt Gawain die Gralssuche auf und erweckt den toten König und Hüter wieder zum Leben. Auch der keltische Kessel hat ähnliche Kraft, Tote wiederzubeleben, Land fruchtbar zu machen, und seine Milch bewirkt Wiedergeburt und Verjüngung; die Erde selbst ist ein Kessel.

Laut einer späteren Nacherzählung der frühen, sagenhaften Geschichte Irlands, wurden die Fir Bolg von den Tuatha De Danann bei der ersten Schlacht von Mag Tuireadh geschlagen. Die Tuatha waren die Götter der Kelten, begabt in der Kunst des Dichtens und vielen magischen Kräften. Sie kamen vom Himmel herab, wo sie in den vier Burgen oder Städten Falias, Finias, Gorias und Murias gewohnt hatten. Diese Namen bezeichnen auch die Punkte der anderen vier Karten in jedem der drei Kreise.

Die fünf magischen Burgen oder Wohnstätten des Geistes beschützen und hüten die fünf Punkte auf jedem Kreis des Daseins, auf dem die Karten aufgezeichnet werden. Diese fünf Punkte verkörpern auch die vier Elemente: Erde im Norden, Feuer im Süden, Luft im Osten, Wasser im Westen und die Quinta essentia im Mittelpunkt. Auch in der Gestalt des Pentagramms findet sich diese Vorstellung wieder. Es heißt, die Druiden hätten das Zeichen des Pentagramms auf den Sohlen ihrer Schuhe getragen und so überall eine Spur des Segens hinterlassen.

FALL-❧ 4 BEISPIELE

Colin Murray hatte immer sehr aktiv mit vielen Aspekten der Kunst zu tun: Malen, Schreiben und Gestalten. Aufgrund seiner besonderen Vorliebe für den Art-Nouveau-Stil, der natürliche Formen betont und viele Anleihen bei der keltischen Kunst macht, begann er sich mehr und mehr auch für andere Bereiche der keltischen Kultur zu interessieren. Als sehr intuitiver Mensch, der sich seines eigenen keltischen Ursprungs bewußt war und immer nach dem Geistigen strebte, fühlte er sich in wachsendem Maße von der druidischen Philosophie angezogen, die sagt, daß Gott, das materielle Universum und die Naturkräfte eins sind, und die den Glauben aufrechterhält, daß die unsterbliche Seele durch viele Inkarnationen reist.

Unter diesen Umständen kam Colin Mitte der siebziger Jahre auf den Gedanken, eine Gesellschaft zu gründen, den Golden Section Order, dessen Ziel die Erhaltung keltischen Brauchtums und Wissensgutes war. Der Golden Section Order führte Vorträge und Zusammenkünfte durch, beging die keltischen Feste und veröffentlichte eine einzigartige, handillustrierte Zeitschrift, den *New Celtic Review*. Bald wurden die Gesellschaft und ihre Zeitschrift international bekannt, was vor allem den Anstrengungen und der Energie zu verdanken war, die Colin persönlich investierte. Für diesen Aspekt seiner Aktivität nahm er den Bardennamen Coll Hazel (»Coll Haselstrauch«) an – teils, weil er sich mit diesem Baum und seinem Charakter verwandt fühlte, teils wegen der Ähnlichkeit mit seinem eigenen Vornamen.

Colin führte sein besonderes Interesse am Baum-Alphabet immer auf einen Tag im Jahre 1971 zurück, an dem er in einen schweren Autounfall verwickelt war. Als man ihn mit einem schwerverletzten Bein im Rettungswagen ins Krankenhaus fuhr, wurde er sich der Bäume sehr intensiv bewußt, unter denen sie hindurchfuhren; dieses Erlebnis blieb in ihm haften und regte ihn an, sich weiter in diese Richtung zu interessieren. Einige Jahre später entwarf er die Ogham-Karten, d. h., er stellte die uralte, in den Bäumen verkörperte Weisheit in einer Form dar, in der sie zum Zwecke der Weissagung erneut genutzt werden konnte – zum ersten Mal seit vielen Hunderten von Jahren waren die symbolischen Zusammenhänge des Ogham wieder praktisch zu gebrauchen.

Im Laufe der folgenden Jahre bis zu seinem plötzlichen, tragischen Tode 1986 verwendete er seine Methode viele hundertmal im privaten Rahmen für Freunde – aber auch in der größeren Öffentlichkeit bei Zusammenkünften des Golden Section Order sowie bei den zahlreichen New-Age-Veranstaltungen, die er besuchte –, verbreitete damit seine Liebe zum kulturellen Erbe der Kelten und ermutigte andere, sich von seiner Begeisterung für das Ogham-Wissen anstecken zu lassen.

Bei den nun folgenden drei Fallbeispielen handelt es sich um tatsächliche Befragungen des Baum-Orakels, die Colin durchführte; die Hintergrund-Einzelheiten sind hier mit der freundlichen Erlaubnis des jeweiligen Fragestellers wiedergegeben. Obgleich es wohl irrig wäre anzunehmen, daß Sie aus diesen drei Beispielen Regeln für Ihre eigene Praxis ableiten könnten, werden sie doch, wie ich hoffe, einen Einblick in diese Methode des Weissagens vermitteln, die sich in jedem Falle auf die persönliche Deutung stützt.

FALLBEISPIEL I

Vorgeschichte

Dieses Baum-Orakel entstand an einem 18. Oktober. Colin hatte die Fragestellerin gerade erst kennengelernt und wußte überhaupt nichts über sie. Die Fragestellerin und ihr Mann hatten seit vielen Jahren in einer Mietwohnung in London gelebt, die sie nun, als sie in den Ruhestand gingen, zum Kauf angeboten bekamen. Als sie sich an das Baum-Orakel wandten, stand gerade der Verkauf ihres Grundstücks in Spanien zur Debatte, der ihnen den Erwerb der Wohnung in London ermöglichen sollte. Die Problematik hatte also zwei Aspekte: einen langfristigen bezüglich der Wohnung und einen kurzfristigen in bezug auf das Stück Land in Spanien.

Deutung

Das augenblickliche, kurzfristige Problem der Fragestellerin – der Verkauf des Grundstücks in Spanien – zeigte sich deutlich in den Brennpunktkarten: *Heidekraut* stand für das Stück Land, *Buche* für die Voraussicht, das Land schon vor vielen Jahren erworben zu haben, und *Eberesche* als Zeichen des Schutzes und der Sicherheit, die man sich davon erhofft hatte. Die Stimmgebungskarten offenbaren die Themen, die gerade diskutiert wurden, nämlich die zu treffende Entscheidung zwischen dem Landverkauf und einer Spanienreise, die für den kommenden November bereits eingeplant war.

Das Ätherische zeigt den langfristigen Aspekt des Problems, der alle anderen miteinander verbindet: daß ihre

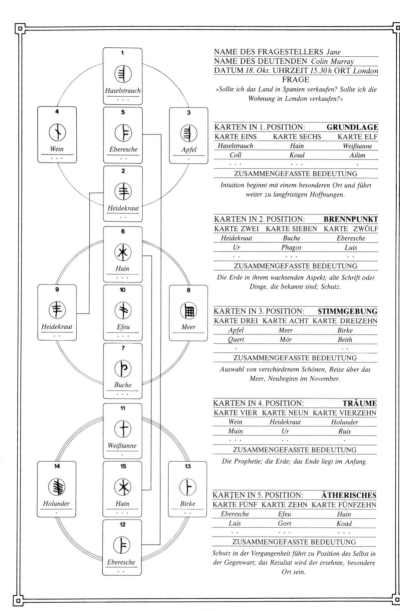

NAME DES FRAGESTELLERS *Jane*
NAME DES DEUTENDEN *Colin Murray*
DATUM *18. Okt.* UHRZEIT *15.30 h* ORT *London*

FRAGE

»Sollte ich das Land in Spanien verkaufen? Sollte ich die Wohnung in London verkaufen?«

KARTEN IN 1. POSITION:		GRUNDLAGE
KARTE EINS	KARTE SECHS	KARTE ELF
Haselstrauch	Hain	Weißtanne
Coll	Koad	Ailim
. . .	. . .	.

ZUSAMMENGEFASSTE BEDEUTUNG

Intuition beginnt mit einem besonderen Ort und führt weiter zu langfristigen Hoffnungen.

KARTEN IN 2. POSITION:		BRENNPUNKT
KARTE ZWEI	KARTE SIEBEN	KARTE ZWÖLF
Heidekraut	Buche	Eberesche
Ur	Phagos	Luis
. .	. . .	. .

ZUSAMMENGEFASSTE BEDEUTUNG

Die Erde in ihrem wachsenden Aspekt; alte Schrift oder Dinge, die bekannt sind; Schutz.

KARTEN IN 3. POSITION:		STIMMGEBUNG
KARTE DREI	KARTE ACHT	KARTE DREIZEHN
Apfel	Meer	Birke
Quert	Mór	Beith
.		. .

ZUSAMMENGEFASSTE BEDEUTUNG

Auswahl von verschiedenem Schönen, Reise über das Meer, Neubeginn im November.

KARTEN IN 4. POSITION:		TRÄUME
KARTE VIER	KARTE NEUN	KARTE VIERZEHN
Wein	Heidekraut	Holunder
Muin	Ur	Ruis
. . .	. .	.

ZUSAMMENGEFASSTE BEDEUTUNG

Die Prophetie; die Erde; das Ende liegt im Anfang.

KARTEN IN 5. POSITION:		ÄTHERISCHES
KARTE FÜNF	KARTE ZEHN	KARTE FÜNFZEHN
Eberesche	Efeu	Hain
Luis	Gort	Koad
. .	. . .	. . .

ZUSAMMENGEFASSTE BEDEUTUNG

Schutz in der Vergangenheit führt zu Position des Selbst in der Gegenwart; das Resultat wird der ersehnte, besondere Ort sein.

Wohnung, jener besondere Ort, der ihnen in der Vergangenheit schon Schutz geboten hatte und nun ihr Zuhause war, weiterhin die ihre wäre. Beachten Sie, daß die Karten *Heidekraut, Hain* und *Eberesche* zweimal auftauchen. *Ur/Heidekraut* erscheint an den Positionen Wasser und Feuer, unter den Brennpunkt-Karten und unter den Träume-Karten, ist also doppelt aktiv. *Koad/Hain*, zusätzlich hervorgehoben durch seinen Häuptlingsrang, erscheint an den Positionen Ätherisches und Erde; deshalb verbindet der besondere Ort (die Wohnung) alles andere und ist an sich schon eine Grundlage.

Wie sich herausstellte, war dies für die Fragestellerin und ihren Mann sehr bedeutsam. Am Ende ließ sich das Stück Land nicht so rasch verkaufen, wie sie gehofft hatten, und in der Zwischenzeit erkannten sie, daß sie sich die Wohnung auch leisten konnten, ohne in Spanien zu verkaufen. Damit erlangten sie nicht nur die erhoffte Sicherheit ihres Londoner Heims, sondern behielten auch den zusätzlichen Schutz des Grundstücks für das Alter. So waren sie doppelt gesichert und erreichten eine wesentlich glücklichere Lösung, als sie aus den ursprünglichen, kurzfristigen Plänen hätte erwachsen können.

Dieses Orakel offenbarte sowohl die augenblicklichen Pläne, die zur Zeit der Fragestellung bereits erwogen waren, als auch die letztendliche Lösung des Problems, obwohl sie mehrere Monate zu ihrer Entfaltung brauchte. Nach sichtbaren anfänglichen Rückschlägen erwies sich, was zunächst wie ein Ende erschien, als ein neuer Anfang.

FALLBEISPIEL II

Vorgeschichte

Wie schon im Fall I hatte Colin die Fragestellerin gerade erst getroffen und wußte nichts über Leben oder Charakter seines Gegenübers. Die Frage lautete: »Werde ich nächstes Jahr um diese Zeit genauso glücklich sein, wie ich es jetzt in meinem persönlichen Leben bin?« Aufgrund der etwas eigenartigen Thematik wurde die Fragestellerin gut ein Jahr später um Auskunft darüber gebeten, was zwischenzeitlich geschehen sei.

Deutung

Zur Zeit dieser Orakel-Befragung fühlte sich die Fragestellerin glücklich in einer verhältnismäßig neuen Beziehung, nachdem eine langjährige Partnerschaft rund anderthalb Jahre zuvor in die Brüche gegangen war. Die Grundlage-Karten faßten die vorherrschenden Empfindungen, die Grundhaltung im Augenblick, gut zusammen. Offensichtlich wußte die Fragestellerin nicht genau, was die Zukunft ihr bringen würde, hatte aber das Gefühl, als Antwort auf ihre Frage ein »Ja« erwarten zu dürfen. Sie fühlte sich entschlossen, nicht fatalistisch zu sein, sondern vielmehr die Ereignisse so positiv wie möglich beeinflussen zu wollen.

»Warten und reinigen« in der Brennpunkt-Position schien sich auf das Trauma zu beziehen, unter dem sie nach der Trennung vor 18 Monaten in gewissem Maße immer noch litt, sowie auf ihre Erkenntnis, daß es notwendig war, den Kopf hochzuhalten und nicht weiter zu planen, als sie sehen konnte oder gehen wollte. Der neue Anfang, den die Karte

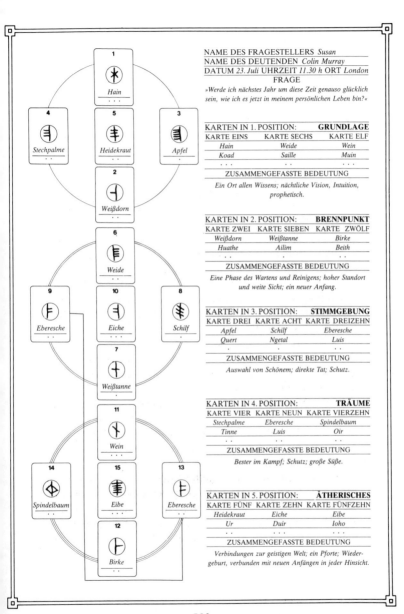

NAME DES FRAGESTELLERS *Susan*
NAME DES DEUTENDEN *Colin Murray*
DATUM *23. Juli* UHRZEIT *11.30 h* ORT *London*

FRAGE

»Werde ich nächstes Jahr um diese Zeit genauso glücklich sein, wie ich es jetzt in meinem persönlichen Leben bin?«

KARTEN IN 1. POSITION: **GRUNDLAGE**

KARTE EINS	KARTE SECHS	KARTE ELF
Hain	Weide	Wein
Koad	Saille	Muin
...	..	...

ZUSAMMENGEFASSTE BEDEUTUNG

Ein Ort allen Wissens; nächtliche Vision, Intuition, prophetisch.

KARTEN IN 2. POSITION: **BRENNPUNKT**

KARTE ZWEI	KARTE SIEBEN	KARTE ZWÖLF
Weißdorn	Weißtanne	Birke
Huathe	Ailim	Beith
..	.	..

ZUSAMMENGEFASSTE BEDEUTUNG

Eine Phase des Wartens und Reinigens; hoher Standort und weite Sicht; ein neuer Anfang.

KARTEN IN 3. POSITION: **STIMMGEBUNG**

KARTE DREI	KARTE ACHT	KARTE DREIZEHN
Apfel	Schilf	Eberesche
Quert	Ngetal	Luis
	.	.

ZUSAMMENGEFASSTE BEDEUTUNG

Auswahl von Schönem; direkte Tat; Schutz.

KARTEN IN 4. POSITION: **TRÄUME**

KARTE VIER	KARTE NEUN	KARTE VIERZEHN
Stechpalme	Eberesche	Spindelbaum
Tinne	Luis	Oir
..	..	.

ZUSAMMENGEFASSTE BEDEUTUNG

Bester im Kampf; Schutz; große Süße.

KARTEN IN 5. POSITION: **ÄTHERISCHES**

KARTE FÜNF	KARTE ZEHN	KARTE FÜNFZEHN
Heidekraut	Eiche	Eibe
Ur	Duir	Ioho
..	...	..

ZUSAMMENGEFASSTE BEDEUTUNG

Verbindungen zur geistigen Welt; ein Pforte; Wiedergeburt, verbunden mit neuen Anfängen in jeder Hinsicht.

Birke anzeigte, bezog sich auf die Entscheidung, Eigentum zu erwerben, die sie und ihr neuer Partner kurze Zeit darauf in die Tat umsetzten. Sie hielt diesen Entschluß für sehr positiv, nachdem er erst einmal gefällt war, denn er festigte ihre Beziehung und brachte sie weiter in eine neue Phase.

Die Wahl und die daraus sich ergebende Tat wurden auch von den Karten in der Stimmgebungs-Position angezeigt. Nach Ablauf eines Jahres fragte sich die Klientin, ob der Schutz der *Eberesche* sich auf jemand anderes oder auf ihr eigenes Glück beziehe. Es hatte den Anschein, als stimmten beide Möglichkeiten.

Die Entscheidung, gemeinsam ein Haus zu beziehen, war aus den Träume-Karten und ihren Bestrebungen zu erkennen. Es war ihr klar, daß hier noch sorgfältiges Abwägen notwendig war und daß es eine sehr bewußte Entscheidung sein mußte, die nichts mehr mit Reaktionen auf das Scheitern der früheren Partnerschaft zu tun haben durfte.

Im Ätherischen sagte die *Eiche*, die Pforte, offensichtlich den Kauf und gemeinsamen Bezug eines Zuhauses voraus. Wie die Fragestellerin selbst bemerkte: Wiedergeburten und neue Anfänge brauchen ihre Zeit. Das Leben verändert sich, wenn man Teil eines Paares war und dann allein ist. Die Leute wissen nicht, wie sie sich nach der Trennung gegenüber den ehemaligen Partnern verhalten sollen und gehen dann oft davon aus, daß eine neue Beziehung nur eine Überbrückungsmaßnahme sei.

Die Antwort auf die gestellte Frage war tatsächlich ein »Ja«. Ein Jahr nach der Befragung des Baum-Orakels war die Klientin sehr glücklich und gewiß, daß die in der Zwischenzeit gefällten Entscheidungen die richtigen waren und sie wirklich zu großer, persönlicher Annehmlichkeit geführt haben.

FALLBEISPIEL III

Vorgeschichte

Die australische Fragestellerin wohnte und arbeitete seinerzeit in London. Ihre Frage galt einer Ausstellung ihres Werkes, die bald nach der Konsultation stattfinden sollte. Darüber hinaus ging es ihr allgemein um die Entfaltung ihrer kreativen Talente und die Richtung, in die diese sie wohl führen würden. Einige Jahre später schrieb sie, da sie das Gefühl hatte, daß die Antwort des Orakels auf ihre Arbeit damals und seitdem zutraf.

Deutung

In diesem Fallbeispiel wollen wir die Fragestellerin selbst zu Wort kommen lassen, die uns mitteilte, wie sie den Orakelspruch interpretierte. In ihrem Brief schrieb sie folgendes:

»Erste Ebene, Grundlage: ›Sammeln über eine große Distanz‹ verstehe ich als einen kontinuierlichen Prozeß – im Grunde mein Lebenswerk: Information in verschiedenen Teilen der Welt zu sammeln und sie irgendwie zusammenzufügen und zu verstehen versuchen. Jene Ausstellung damals handelte von heiligen Stätten in Australien und auf den Hebriden. ›Reinigen, keine Wahl‹ heißt, daß ich mich, während ich die Information sammle, selbst frei und klar halten muß, um die Informationen objektiv präsentieren zu können. Dies ist ein kontinuierlicher Prozeß gewesen, der sich im Augenblick auf sehr physische Weise äußert.

Zweite Ebene, Brennpunkt: ›Verborgene Geheimnisse, gehortetes Wissen, schützt vor Zauberei.‹ Der Zusammen-

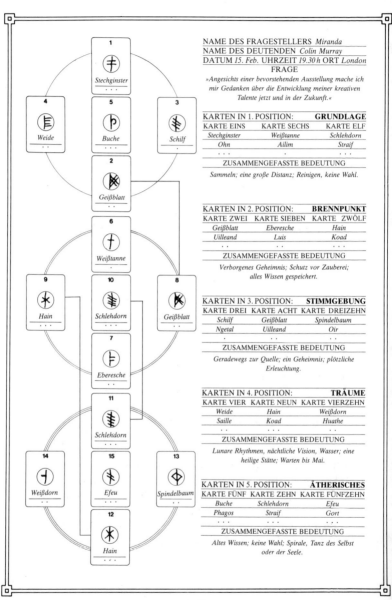

NAME DES FRAGESTELLERS *Miranda*
NAME DES DEUTENDEN *Colin Murray*
DATUM *15. Feb.* UHRZEIT *19.30 h* ORT *London*
FRAGE

»*Angesichts einer bevorstehenden Ausstellung mache ich mir Gedanken über die Entwicklung meiner kreativen Talente jetzt und in der Zukunft.*«

KARTEN IN 1. POSITION:		**GRUNDLAGE**
KARTE EINS	KARTE SECHS	KARTE ELF
Stechginster	*Weißtanne*	*Schlehdorn*
Ohn	*Ailim*	*Straif*
...	*.*	*...*

ZUSAMMENGEFASSTE BEDEUTUNG

Sammeln; eine große Distanz; Reinigen, keine Wahl.

KARTEN IN 2. POSITION:		**BRENNPUNKT**
KARTE ZWEI	KARTE SIEBEN	KARTE ZWÖLF
Geißblatt	*Eberesche*	*Hain*
Uilleand	*Luis*	*Koad*
..	*.*	*...*

ZUSAMMENGEFASSTE BEDEUTUNG

Verborgenes Geheimnis; Schutz vor Zauberei; alles Wissen gespeichert.

KARTEN IN 3. POSITION:		**STIMMGEBUNG**
KARTE DREI	KARTE ACHT	KARTE DREIZEHN
Schilf	*Geißblatt*	*Spindelbaum*
Ngetal	*Uilleand*	*Oir*
.	*..*	*.*

ZUSAMMENGEFASSTE BEDEUTUNG

Geradewegs zur Quelle; ein Geheimnis; plötzliche Erleuchtung.

KARTEN IN 4. POSITION:		**TRÄUME**
KARTE VIER	KARTE NEUN	KARTE VIERZEHN
Weide	*Hain*	*Weißdorn*
Saille	*Koad*	*Huathe*
..	*...*	*..*

ZUSAMMENGEFASSTE BEDEUTUNG

Lunare Rhythmen, nächtliche Vision, Wasser; eine heilige Stätte; Warten bis Mai.

KARTEN IN 5. POSITION:		**ÄTHERISCHES**
KARTE FÜNF	KARTE ZEHN	KARTE FÜNFZEHN
Buche	*Schlehdorn*	*Efeu*
Phagos	*Straif*	*Gort*
...	*...*	*...*

ZUSAMMENGEFASSTE BEDEUTUNG

Altes Wissen; keine Wahl; Spirale, Tanz des Selbst oder der Seele.

Diagram labels:

1 Stechginster
4 Weide
5 Buche
3 Schilf
2 Geißblatt
6 Weißtanne
9 Hain
10 Schlehdorn
8 Geißblatt
7 Eberesche
11 Schlehdorn
14 Weißdorn
15 Efeu
13 Spindelbaum
12 Hain

hang mit der Ausstellung ist folgender: Es handelte sich um eine Darbietung, die auf uraltem Wissen beruhte, das sich mit einem Spiraltanz verband. Dabei spielten die Elemente, Farben, Symbole etc. eine Rolle, die sowohl europäischen als auch Eingeborenenkulturen gemeinsam waren; dahinter stand die Hoffnung, beide einander näherzubringen. Durch den rituellen Tanz aktiviert man das verborgene Wissen, das freigesetzt wird, aber immer noch mit einer Art Schutz vor Mißbrauch verbunden ist. Ich weiß, daß ich seit jener Darbietung viel von dem aktivierte, was ich in Europa in bezug auf das Lehren selbst gelernt hatte, zum Beispiel im Hinblick auf Skulpturarbeiten hier in Australien, die einen sehr starken Eindruck hinterließen.

Dritte Ebene, Stimmgebung: ›Plötzliche Erleuchtung aus geheimer Quelle.‹ Das ist für mich eine sehr geläufige Form – oft kann ich im Gespräch auf Informationen stoßen, die ich in meinem Kopf wie unter Verschluß hatte, fast vergessen, und die nun plötzlich ans Tageslicht gelangen. Ich arbeite hier in Adelaide an einer Kunstschule. Häufig befinde ich mich in Situationen, in denen ich feststelle, daß ich verbal sehr viel von dem vermitteln kann, was ich im Laufe der Jahre gelernt habe. Hier besteht ein großes Interesse an den Lehren der Alten, an heiligen Stätten usw., und dazu kann ich viel beitragen.

Vierte, Ebene, Träume: ›Lunare Visionen, heilige Stätten, Warten bis Mai.‹ Im Mai jenes Jahres besuchte ich eine Erde-Mysterien-Präsentation in Glastonbury. Colin hatte erwähnt, daß der Weißdorn mit dem Labyrinth-Tanz von Glastonbury in Verbindung stehe. Bei der Präsentation lernte ich einen Mann kennen, der als Experte auf dem Gebiet der Labyrinthe galt. Viel Neues und Wichtiges offenbarte sich mir dort, besonders bei einer Vollmondfeier mit anderen Frauen. Das Orakel erfüllte sich sehr deutlich während jener einen Wochen in Glastonbury.

Fünfte Ebene, Ätherisches: ›Altes Wissen, keine Wahl, Spiral-Tanz der Seele.‹ Eine sehr klare Gesamtübersicht über die wichtigsten Dinge in meinem Leben. Ich komme immer wieder auf altes Wissen zurück – es kommt in allen meinen künstlerischen Werken zum Vorschein –, ob bewußt oder unbewußt, da gibt es keine Wahl – aber sehr wohl einen lebenslangen spiraligen Tanz ins Selbst oder die Seele.«

Die Auszüge aus dem Brief jener Fragestellerin bezeugen die Kraft der Weissagung im Ogham noch deutlicher im Zusammenhang ihres persönlichen Lebens und Fragens, als es jede Interpretation vermag, die von einem Außenstehenden gegeben wäre.

Es liegt auf der Hand, daß die Vorzüge der Rückschau auch diesen drei Fallbeispielen zugute kommen, denn im Laufe der Zeit treten die Zusammenhangsmuster immer deutlicher zutage. Das Ogham und andere Methoden ermöglichen uns Einblicke in die Zukunft und Weisung für unser Verhalten und Tun in der kommenden Zeit, aber vieles bleibt immer noch unserem Entscheiden überlassen. Deshalb ist es wichtig, daß die Menschen, die solche Orakeldeutungen erhalten, bedenken, daß damit nur die erste Stufe abgeschlossen ist: die nächste wird von ihnen selbst erfüllt, indem sie beobachten, wie ihr Leben sich entfaltet, und entscheiden, wie sie darauf reagieren oder sich anpassen. Deshalb gehört es auch zu ihrer Aufgabe, sich von Zeit zu Zeit wieder mit dem ursprünglichen Orakelspruch zu befassen und seine Deutung in bezug auf die sich zwischenzeitlich ergebenden Ereignisse weiterzuentwickeln. Diese Arbeit kann nur der Fragesteller selbst durchführen.

ANHANG

WEITERE METHODEN IN DER PRAXIS DES BAUM-ORAKELS

Außer der Technik des umfassenden Karten-Orakels, wie sie in Kapitel 3 beschrieben wurde, gibt es noch drei weitere Methoden in der Praxis des Ogham, die so einfach wie wirkungsvoll sind und sich bei vielen Gelegenheiten im Laufe der Jahre bewährt haben. Bei zwei dieser Techniken werden ebenfalls die Karten gebraucht, die dritte hingegen verwendet einfach die Buchstaben des Baum-Alphabets und die ihnen entsprechenden Bedeutungen, wie sie auf dem beiliegenden Protokollblatt angegeben sind.

NAMENS-OGHAM

Diese Ogham-Methode kann manchmal eine rasche Auskunft über Charakter oder Beschäftigung eines Menschen geben; hierzu werden die Buchstaben von dessen Namen (Vor- oder vollständiger Name) benötigt. Diese Technik ist zwar nicht so genau wie die Drei-Kreis-Methode, aber sie bringt recht schnelle und unmittelbare Resultate, die oft auch nicht ohne Humor sind.

Zur Verwendung gelangen hauptsächlich die Buchstaben aus den ersten vier Gruppen des Ogham-Alphabets – BLFSN, HDTCQ, MGR und AOUEI –, wobei einige der zusammengesetzten Zeichen in der dritten und alle der fünften Gruppe ausgeschlossen werden.

Bestimmte Buchstaben unseres lateinischen Alphabets sind nicht durch genaue Entsprechungen im Ogham-Alphabet vertreten, also müssen wir sie ersetzen. J und Y in einem Namen sind so als I = Ioho/Eibe zu lesen, K als Koad/Hain, P als Phagos/Buche, X als Mór/das Meer mit seinem XI-Laut. V und W gelten als Fearn/Erle. Z sei als TS (Tinne/Stechpalme und Saille/Weide), die deutschen Umlaute Ä, Ö

OLIVER
Ohn/Stechginster = gut im Sammeln

Ailim/Weißtanne = hohe Wahrnehmungskraft,
weite Sicht
CALDECOT**T**
Tinne/Stechpalme = am stärksten im
Argumentieren und Kämpfen: beste
Eigenschaften für einen Herausgeber

COLIN
Coll/Haselstrauch = Intuition, zurück zur Quelle

Muin/Wein = Prophetie
MURRA**Y**
Y = Ioho/Eibe = immerwährend
Die besten Eigenschaften, die zur
Wiederentdeckung und Praxis des Ogham-
Weissagens nötig sind.

Duir/Eiche = Tür, Pforte, Zugang
DA**N**
Nuin/Esche = verbindet alles, vom Tiefsten bis
zum Höchsten. Notwendige Eigenschaften für
einen Rundfunkmoderator von Sendungen, an
denen sich Hörer per Telefon beteiligen können.

und Ü sind als AE, OE und UE zu lesen. Nun folgen drei Beispiele aus früheren Deutungen durch Colin:

Der erste, mittlere und letzte Buchstabe eines Namens sollte verwendet werden, so erhält man drei Charakteristika. Beispiel: ElizAbetH. Bei einem Namen mit gerader Buchstabenanzahl sind beide mittleren Buchstaben zu berücksichtigen, zum Beispiel MarGAreT. Bei kurzen Namen verwende man nur den ersten und den letzten Buchstaben, zum Beispiel DaN. Wünscht man eine detailliertere Interpretation, kann man auch alle Buchstaben eines Vornamens zugrundelegen.

WIND-OGHAM

Diese Methode, die Ogham-Karten zu befragen, kann man bei jahreszeitlichen Ritualen, Zeremonien oder anderen Zusammenkünften praktizieren, bei denen Menschen sich mit einer gemeinsamen Zielsetzung treffen. Der »Orakelspruch« der Ogham-Karten bei einer solchen Gelegenheit kann einen Hinweis auf die Stimmung oder Ausrichtung des Tages geben – oder, an seinem Ende, den Anwesenden Gedanken und Ideen schenken, die sie bis zur nächsten Zusammenkunft begleiten können.

Die Karten werden nach der normalen Methode ausgelegt (fünf Reihen zu je fünf Karten), dieses Mal jedoch auf die Erde unter freiem Himmel. Alle Anwesenden stehen im Kreise darum versammelt. Dann läßt man den Wind selbst 15 Karten wählen, die in der Reihenfolge notiert werden, in der er sie verschiebt, aufhebt oder umdreht. Man kann auch eine bestimmte Fragestellung im Sinne haben, die im Interesse aller Anwesenden liegt und die Ziele und Gründe ihres Zusammenkommens betrifft – oder man nimmt den Orakelspruch als eine allgemeine Botschaft.

ABHEBEN

Hin und wieder kommt es bei der Deutung und Besprechung eines Baum-Orakels vor, daß sich eine weitere Frage ergibt, die aus der ursprünglichen entstanden ist. In einer solchen Situation kann der Fragesteller von dem Kartenpäckchen abheben, um eine weitere Klärung seiner sekundären Frage zu erlangen. Beim Abheben erhält er zwei Karten – eine aufgedeckte und die nächste mit der Bildseite noch nach unten liegende. Beide sollten betrachtet und ihre Bedeutung zusammen interpretiert werden.

FIONNS FENSTER

Schließlich gibt es noch das Ogham-Meditationsmandala – Fionns Fenster, das seinen Namen von Fin oder Fionn, dem legendären Finn MacCoul hat, einem Druiden und irischen Volkshelden. Es handelt sich dabei um eine Entsprechung des tibetischen Mandalas (eine graphische Darstellung des Universums), ein Diagramm des psychischen Kosmos' in der Meditation.

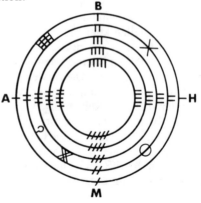

DER KELTISCHE KALENDER

Was ist erst dunkel, dann hell?

*Was darf zwischen November und April nicht getan werden,
das jedoch zwischen Mai und Oktober gestattet ist?*

*Was hat Belinus mit alledem zu tun,
und warum ergibt er zusammen 365?*

DIE COLIGNY-TAFEL

Im Jahre 1897 wurden in Coligny (Frankreich) die Bruch-
stücke eines bronzenen Kalenders aus der Zeit um 50 v. Chr.
gefunden. Es schien sich dabei um die Überreste eines
römisch-gallischen Modells von einem keltischen, lunar-
solaren Kalender zu handeln.

Es zeigte einen Zyklus von annähernd fünf Jahren auf 62
Tafeln. Im Unterschied zu unserem heutigen Kalender, der
weitgehend das Werk des Papstes Gregor ist und auf dem
vorausgegangenen, nach seinem Schöpfer Julius Cäsar julia-
nisch genannten, Kalender basiert, ging dieses System nun
von der genauen Zeitdauer der Erdumkreisung des Mondes
aus (dem lunaren Monat also), nach der es die Zeit maß.
Jeder Mondmonat entspricht 29,53 Tagen. Bei jenem galli-
schen Modell wurde der Monat in zwei Phasen zu je 15
Tagen geteilt. Möglicherweise ist dies der Ursprung der
französischen Bezeichnung *quinze jours* (wörtlich: 15 Tage),
die zwei Wochen, also 14 Tage, bedeutet.

Ein Sonnenjahr, also die Zeit, die die Erde benötigt, um
die Sonne zu umkreisen – oder die Dauer eines Umlaufes
der Sonne um den Frühlingspunkt – dauert nominell 365
Tage (tatsächlich jedoch 365,242 Tage, deshalb brauchen

wir zum Ausgleich Schalttage). Zwölf Mondmonate dagegen (d. h. zwölfmal 29½ Tage) ergeben nur 354 Tage. Deshalb war es beim Kalender von Coligny notwendig, zwei Korrekturen einzufügen: erstens hatten die Monate abwechselnd eine Dauer von 29 oder 30 Tagen, und zweitens wurde alle 2½ oder drei Jahre ein Schaltmonat eingefügt, um die kürzeren, lunaren Jahre von 354 Tagen den längeren Sonnenjahren von 365 Tagen anzugleichen.

DER METON-ZYKLUS
UND DIE GOLDENE ZAHL

Hierbei handelt es sich um einen Zyklus von 19 Jahren, der um 500 v. Chr. von dem Griechen Meton entdeckt wurde. Er besteht aus 235 synodischen (Mond-)Monaten, nach deren Ablauf die Mondphasen sich an den gleichen Wochentagen und Jahren innerhalb des 19-Jahre-Zyklus' wiederholen. Mit anderen Worten: Wir haben es hier mit der Zeitspanne zu tun, in der sowohl die Sonne als auch der Mond einen vollständigen Zyklus hinter sich bringen und wieder an den gleichen relativen Positionen ankommen. Das Wissen um diesen Zeitraum ist wesentliche Voraussetzung für die Aufstellung eines genauen Kalendersystems und muß bei den Druiden schon bekannt gewesen und verstanden worden sein.

Die goldene Zahl gibt den Stand jedes Jahres innerhalb des Meton-Zyklus an. Man addiert hierzu 1 zu der fraglichen Jahreszahl und teilt die Summe durch 19. Der Rest bei der Teilung ist die goldene Zahl. Ist diese gleich Null, ist die Jahreszahl im Meton-Zyklus 19. Zum Beispiel: 1975 + 1 = 1976. 1976 : 19 = 104 (OHNE REST). 1975 war also das 19. Jahr in einem Meton-Zyklus.

DRUIDISCHE ZYKLEN UND ZEITALTER

Ein Zyklus von fünf Jahren wurde als Lustrum (lat.: Jahr-
fünft) bezeichnet. Am Ende von sechs Lustren oder einem
Jahresmonat (d. h. $6 \times 5 = 30$) war ein druidischer Zyklus
vorüber. Eine Phase von 21 Jahresmonaten ($21 \times 30 = 630$)
entsprach einem druidischen Zeitalter. Zeitalter rechnete
man ab der zweiten Schlacht von Mag Tuireadh in Irland,
bei der die Tuatha de Danann die Fomorier bezwangen.
Unser Jahr 1 n. Chr. entspricht dem Jahre 1871 Mag Tured
(MT). Also ist 1975 n. Chr. ($1975 + 1871$) das Jahr 3846 MT.
Das erste Jahr MT leitete das Eisen- und Silberzeitalter ein,
das bis zum Jahre 3888 MT (2021 n. Chr.) dauert.

DAS ACHTFACHE JAHR

Aus der keltischen Sagenwelt erfahren wir, daß in Gallien,
einem Teil des heute französischen und belgischen Gebie-
tes, das von Kelten bewohnt war, das neue Jahr bei Aufgang
des ersten letzten Mondviertels nach der Herbst-Tagundnachtgleiche begann. Deshalb fing das neue Jahr immer an
einem anderen Wochentage an. In den keltischen Gegenden
auf den britischen Inseln galt die Tradition, daß das neue
Jahr an Samhain (1. November) begann, d. h. immer am
gleichen Tag im Sonnenzyklus. Hier war auch ein anderes
Kalendersystem als in Gallien in Gebrauch, es berücksich-
tigte sowohl solare als auch lunare Zyklen. Das Jahr bestand
aus 13 Monaten, von denen zwölf weitgehend unseren
heutigen entsprachen, während der 13. »Monat« Ende
Oktober nur aus drei Tagen bestand, die zum neuen Jahre
überleiteten. Aufgrund dieser Anordnung der Monate sind
keltisches Weltbild und druidische Philosophie im Ogham-
Alphabet mit seinen 13 Kalenderbäumen miteinander ver-

bunden. Das Jahr wurde in zwei Hälften eingeteilt, eine dunkle und eine helle. Während der dunklen Hälfte waren Eheschließungen verboten. Samhain leitete die dunkle Hälfte des Jahres ein; die helle begann am gegenüberliegenden Punkt im Zyklus, an Beltane, dem 1. Mai. Zwischen diese beiden Termine fiel Brigantia oder Imbolc (1. Februar) und Lugnassadh oder Lammas (1. August), die das keltische Jahr weiter in Viertel gliederten. Zwischen diesen vier Punkten, den Feuerfesten, beachtete man die Tag-und-Nachtgleichen und Sonnenwenden, die als die vier Albanen bezeichnet wurden:

ALBAN ARTHUAN
21. Dezember, Winter-Sonnenwende, der kürzeste Tag im Jahr.

ALBAN EILER
21. März, Frühlings-Tagundnachtgleiche, Tag und Nacht sind gleichlang, erster Tag des Frühlings.

ALBAN HERUIN
21. Juni, Sommer-Sonnenwende, Mittsommer; die Sonne hat ihren Höchststand erreicht und sendet drei Strahlen aus, um die Welt zu erhellen; längster Tag im Jahr.

ALBAN ELVED
21. September, Herbst-Tagundnachtgleiche; Tag und Nacht sind gleichlang, von nun an werden die Tage kürzer.

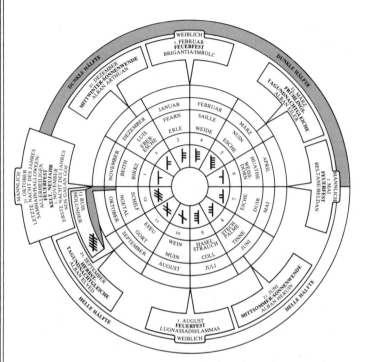

Eine graphische Darstellung der Anordnung des keltischen Jahres, das durch die vier Feuerfeste und die vier Albanen gegliedert ist.

SAMHAIN

1. November, Ende und Beginn des Jahres zugleich. Das neue Jahr fängt genaugenommen mit Sonnenuntergang des 31. Oktober an (deshalb sind Halloween und das keltische Neujahr identisch). Darstellung des Absteigens der Sonne vor dem Wintermond, aber auch die Zeit, in der die im Laufe des Jahres angestauten Schwierigkeiten emporstei-

gen, eine Zeit zum Besinnen und Überdenken, bevor der Monat Birke von neuem beginnt. Termin, um alte, gramerfüllte Gedanken und Einflüsse abzulegen und konkreten Kontakt mit Geistern, Ahnen und dem »Gruppenbewußtsein« des Clans aufzunehmen.

BRIGANTIA

1. Februar. Dieses Feuerfest begrüßt die wieder erstarkende Sonne, die nach der Nacht des Winters aufsteigt. Während ihre Kraft nach dem kürzesten Tag im Jahreslauf zunimmt, weckt sie Erwartungen auf den Frühling und neues Leben. Der andere Namen dieses Festes, Imbolc (von *oimelc*, d. h. Schafsmilch), verdeutlicht die Verbindung mit Vertretern der ersten Boten des Frühlings, der neugeborenen Lämmer.

Am Beginn des Monats Weide mit seinen lunaren, weiblichen Assoziationen, ist dies das Fest der dreifachen Göttin Brigid, die bei Sonnenaufgang in einem Hause geboren sein soll, das in Flammen aufging, die bis zum Himmel reichten; Brigids Atem gibt den Toten Leben. In ihrer dreifachen Gestalt als Jungfrau, Mutter und altes Weib verkörpert sie das Spektrum der Jahreszeiten – wie zur ihr zugeordneten Jahreszeit der Winter des Alters der neuen Geburt und Jugend Platz zu machen beginnt.

BELTANE

1. Mai. Das alljährliche Willkommensfest für den Sommer und den Beginn der hellen Hälfte des Jahres fällt in den Monat der starken, fruchtbaren Eiche. Maiköniginnen wurden gekränzt, und Morisken-, Spiral- und Maibaum-Tänze sicherten eine gute Ernte im späteren Teil des Jahres.

Es wird berichtet, daß einer der ersten christlichen Bischöfe in England einmal am 1. Mai ausblickte und junge

Paare beobachtete, die in den Wäldern verschwanden. Auf Befragen gab einer seiner Meßdiener zur Antwort, daß dabei ein uralter Brauch befolgt werde. Der Geistliche entschied weise, nicht einzuschreiten und ermunterte das junge Volk, die alten Bräuche weiter zu beachten.

LUGNASSADH

1. August. Bei diesem Erntefest wurde die Hochzeit von Lugh und der Mutter Erde gefeiert. Es handelte sich aber auch um ein Bestattungsritual, denn die Sonne beginnt ihre lange Reise in die dunkle Nacht des Winters. Die irische Überlieferung sagt, das Fest sei zuerst in Tailltean begangen worden, an dem Ort, wo Lughs Pflegemutter beerdigt sei. Zu diesem Fest gehören auch Rennen und nach der Sonne ausgerichtete Reigentänze, die die Sonne durch Nachahmung ihres Runds stärken und den Fortbestand der Lebenskraft für ein weiteres Jahr sichern sollten. Bei dem Rennen handelt es sich in Wirklichkeit um den Umlauf der Sonne durch ein Jahr – den Wagen des Sonnengottes (in der griechischen Mythologie Apollo, in der keltischen Belinus). Da die Sonne durch ihre rituelle Vereinigung mit der Erde eine Ernte hervorbringt, wurde Lugnassadh zu einem natürlichen Zeitpunkt für Eheschließungen.

VERBINDUNGEN MIT DER VERGANGENHEIT

Betrachten wir das Jahr unter dem Aspekt dieser acht festen Höhepunkte, werden wir uns des Charakters der einzelnen Jahreszeiten viel deutlicher bewußt und des unmerklichen Übergangs, wenn die eine Zeit vergeht und sanft in die folgende weiterfließt, die langsam hervortritt. Wissenschaft und Astronomie erklären uns, daß Mittwinter auf den

21. Dezember fällt, aber die Natur und unsere Sinne zeigen uns, daß der kälteste, härteste Teil des Winters im Januar/Februar ist – im keltischen Kalender hervorgehoben durch Brigantia am 1. Februar, den Mittelpunkt der dunklen Jahreshälfte. Der sommerlichste Teil der warmen Jahreszeit ist im Juli und August, um die Zeit Lugnassadh, der Mitte der hellen Jahreshälfte. Im Herbst werfen die Bäume ihre Blätter im Oktober und November ab, zur Zeit des keltischen Neujahrs, und nicht schon um die Herbst-Tagundnachtgleiche. Im Frühjahr hat das Knospen und Ausschlafen seinen Höhepunkt um den 1. Mai.

Im keltischen Kalender ist der Beginn jeder Jahreszeit durch die entsprechende Albane markiert, der Höhepunkt jedoch wird gefeiert und gewürdigt durch ein Feuerfest. Darüber hinaus sind diese Feste nicht nur Teil einer Lebensweise, an die kaum noch Erinnerungen bestehen, sondern auch noch heute in uns aktiv, wenngleich in veränderter Gestalt.

Halloween* trägt noch sehr deutlich Leben in sich. Ein amerikanisches Kind hat vermutlich keine Ahnung von der Tatsache, daß und warum seine Vorfahren diese Nacht schon vor mehr als 2000 Jahren feierten. Trotzdem führt dieses Kind, ob bewußt oder nicht, eine ungebrochene Tradition fort.

Der alte Brauch, am Vorabend von Neujahr Feuer anzuzünden, läßt sich in Wales über Jahrhunderte hinweg zurückverfolgen. Im Brief eines William Morris von der Insel Anglesey des Jahres 1741 lesen wir: »Ich sah nur

---

* Halloween, ein unter christlichem Einfluß als Vorabend des Allerheiligentages (All Hallows Eve) gefeierter Tag (31. Oktober), dessen Tradition bis weit in die heidnische Antike der Kelten auf den britischen Inseln zurückreicht.

wenige Coelcerths oder Freudenfeuer diese Nacht; es hat den Anschein, daß das alte, abergläubische Heidentum im Untergang begriffen ist.« Ist es das wirklich? Fest steht jedenfalls, daß die Freudenfeuernacht einige Fragen aufwirft. Ist sie ein Überbleibsel, eine Erinnerung an die keltischen Neujahrsfeiern, die sich mit der geläufigen Koinzidenz des Datums der Entdeckung der englischen Pulververschwörung – das Parlament sollte gesprengt werden – im Jahre 1605 verbindet, die heute noch als Guy-Fawkes-Tag am 5. November gefeiert wird? Warum ist es ausgerechnet dieser Tag und nicht irgendein anderer aus der britischen Geschichte, der Tausende von Menschen veranlaßt, ohne irgendeine Aufforderung durch Kirche oder Staat nach draußen zu gehen (und dies bei häufig recht unfreundlichem Wetter), Feuer zu entzünden und zu feiern?

Weihnachten freilich ist genau genommen nicht der Geburtstag Christi, sondern ein Termin, der aufgrund seiner viel älteren Bedeutung im Zusammenhang mit der Wintersonnenwende gewählt wurde. Die junge christliche Kirche hoffte, die Menschen leichter zum neuen Glauben zu bekehren, indem sie dieses ohnehin wichtige Datum in ihr eigenes Kirchenjahr und Ritual einbezog.

Der 1. Mai wird in weiten Teilen der Welt gefeiert, sowohl als Volksfest als auch aus politischem Anlaß, als sogenannter Tag der Arbeit. In Cornwall wird der Helston Floral Day am 8. Mai begangen; hierbei handelt es sich um das älteste volkstümliche Fest dieser Art, das auf britischem Boden bis heute überlebt hat.

In der Geschäftswelt Englands und Schottlands hielten sich die Albanen und die Feuerfeste als »Quartalstage« und »Quartalshälftetage« über Jahrhunderte hinweg; an diesen Tagen waren die Mieten fällig. Lammas (1. August, Erntefest) und Lichtmeß (2. Februar – Reinigung der seligen

Jungfrau Maria) haben seit dem Mittelalter Eingang in den kirchlichen Festkalender gefunden.

Diese uralten Festtage sind also nicht ausgestorben, die Verbindungen in die Vergangenheit sind nicht gelöst. Gewiß, sie haben sich verändert oder sind von verschiedenen Religionen, politischen Systemen oder der Geschäftswelt für deren eigene Zwecke übernommen und gebraucht worden, aber in diesem Prozeß haben sie überlebt und blieben erhalten. In künftigen Zeiten mag sich ihr Zweck erneut wandeln, aber sie werden zweifellos in der einen oder anderen Gestalt weiter Bestand haben und dadurch Freude, Erfüllung und ein rhythmisches Tanzen im Jahreslauf für jene mit sich bringen, die sie beachten und begehen.

Hintergrund-Informationen

Das Baum- oder Ogham-Alphabet wurde in diesem Buch bisher fast ausschließlich im Zusammenhang mit der keltischen Kultur erwähnt, d. h. wie es auf den britischen Inseln und Irland in Gebrauch war. Seine Geschichte beschränkt sich jedoch nicht nur auf diese kleine, nordwestliche Ecke von Europa.

Fast jeder hat schon von dem 1799 entdeckten »Stein von Rosette« gehört, jener Platte, die in drei verschiedenen Schriften die gleiche Inschrift trug und damit der Wissenschaft den Schlüssel zur Entzifferung der ägyptischen Hieroglyphen in die Hand gab. Es gibt auch einen »Stein von Rosette« für das Ogham. Brenda Sullivan von der Südafrikanischen Epigraphischen Gesellschaft legte ihn 1979 Bruce Mac Donald von der Epigraphischen Gesellschaft in Amerika vor. Bei dem Stein handelt es sich um eine Schieferplatte, die der Bantu-Medizinmann Dr. Credo Muzamzulu Mutwa aus Witwatersrand überreicht bekam, als er sich in Sambia aufhielt.

Der Stein trägt parallel Inschriften in Ogham, kufischem Arabisch und antiken ägyptischen Hieroglyphen. Laut Bruce MacDonald stammen diese Inschriften spätestens aus der Zeit um 1000 n. Chr., andere Schätzungen sprechen dem Stein ein Alter von bis zu 3000 Jahren zu.

Dieser sogenannte Sambia-Stein zeigt jedenfalls, daß das Ogham-Alphabet in ferner Vergangenheit auch in Afrika bekannt und in Gebrauch war. Darüber hinaus erfuhren die Autoren in jüngerer Zeit, daß es einen Medizinmann in Soweto gebe, zu dessen magischen Utensilien auch ein Alphabet gehöre, das er als «Igham» bezeichnete – mit anderen Worten: Ogham unter einem weiteren seiner verschiedenen Namen. Es war bisher nicht möglich, diesem

Bericht weiter nachzugehen, aber es wäre faszinierend herauszufinden, welche Art von Symbolik dieser Medizinmann anstelle von Bäumen mit dem Ogham verbindet, und wie er genau damit arbeitet.

Inzwischen hat in Amerika Barry Fell, Gründer der Epigraphischen Gesellschaft, mehrere Bücher veröffentlicht: *America B.C.*, *Saga America* und *Bronze Age America*. In seinem letzten Werk, *Bronze Age America*, präsentiert Fell die allerneuesten Informationen und bietet eine Zusammenfassung seiner beiden vorangegangenen Publikationen. Zunächst fordert Fell die allgemein anerkannte archäologische Ansicht heraus, daß die Menschen des Bronzezeitalters Analphabeten gewesen seien, und weist auf zahlreiche europäische Beispiele von Ogham- und anderen Schriften hin, aber auch Tifinag, die Schriftzeichen der Tuaregs Nordafrikas, die Fell für eine ursprünglich nordische Schrift hält. Dann untersucht er Felsinschriften aus verschiedenen Teilen der Vereinigten Staaten und Kanadas, die ebenfalls in diesen Schrifttypen geritzt wurden. Daraus zieht er den Schluß, daß Amerika schon vor Tausenden von Jahren bekannt war und von Europäern besucht wurde, die nicht nur des Schreibens kundig, sondern offensichtlich auch weitgereiste und tüchtige Seefahrer waren, denen bewußt gewesen sein mußte, daß die Erde rund ist. Warren W. Dexter, ebenfalls Amerikaner, zeigt in seinem Buch *Ogam Consaine and Tifinag Alphabets* viele Beispiele von Ogham-Inschriften aus fünf Kontinenten, unter anderem aus Alberta (Kanada), Troja, den Anden und Ägypten. Das ägyptische Beispiel stammt aus dem Grab von Ramses VI. (regierte 1156–1148 v. Chr.).

Im August 1985 lenkte Donald Cyr, Herausgeber der amerikanischen Zeitschrift *Stonehenge Viewpoint*, die Aufmerksamkeit der Autoren auf eine Sendung mit dem Titel

»Geschichte auf Felsen«, die im US-Fernsehen ausgestrahlt wurde und Beiträge von Cyr enthielt. Die von Scott Monahan geschriebene und produzierte Sendung dokumentierte Ogham-Inschriften, die im Laufe der letzten ungefähr zehn Jahre in Höhlen Colorados und Oklahomas von Mitgliedern der Western Epigraphic Society entdeckt wurden.

Diese Höhlen und ihre Inschriften schienen drei grundsätzliche Aufgaben zu erfüllen: In manchen Höhlen nahm das Ogham die Gestalt von gälischen Botschaften an, die Reisenden mitteilten, daß sie hier nächtigen können, und weiter darauf hinwiesen, daß es eine ganze Kette oder ein Netz solcher Unterkünfte für Händler und Reisende gebe. Zweitens gibt es Inschriften, die offenbar kalendarischen Zwecken dienten. An solchen Orten wurden Inschriften und Ritzzeichnungen an den Höhlenwänden zur Zeit der Frühlings- und Herbst-Tagundnachtgleichen entweder direkt von Sonnenstrahlen erreicht, oder die Spitze eines Schattens deutete auf sie. Solche Inschriften wurden häufig mit solcher Präzision ausgeführt, daß selbst am Tage vor oder nach der Tagundnachtgleiche Licht oder Schatten nicht in die exakte Richtung wiesen. Andere jener Höhlen waren wohl Tempel.

Viele Ogham-Inschriften werden begleitet von anderen Schriften, zum Beispiel aus dem libyschen Alphabet, punischen Schriftzeichen und Hieroglyphen. Eine Höhle wurde unter dem Namen Anubis-Höhle bekannt, weil sie eine sehr deutliche Darstellung jenes altägyptischen Gottes enthält. Solche Inschriften stammen wohl von Kelten aus vorchristlicher Zeit. Falls dies zutrifft, wurde Amerika nicht von Christoph Kolumbus im Jahre 1492 entdeckt, und auch nicht von den Wikingern oder dem christlichen Heiligen Brendan auf dessen legendärer Seereise zuerst besucht, sondern schon viel früher von Seefahrern aus Europa entdeckt.

Es hat somit den Anschein, daß viele allgemein akzeptierte Ansichten über die Vergangenheit zu revidieren sind. Wenn Ogham als Alphabet in der Antike in Gebrauch war, müssen die Kelten viel mehr Weisheit besessen haben, als man ihnen bisher je zuschrieb. Für ihre Navigation mußten sie ein umfassendes astronomisches Wissen gehabt und die wechselnden Jahreszeiten gekannt haben. Sie mußten darüber die Kulturen, Sprachen und Religionen ferner Völker gekannt haben – und vor allem konnten sie schreiben. »Geschichte« ist die schriftliche Aufzeichnung von Ereignissen, deshalb sind »prähistorische« Völker jene, die nicht die Fähigkeit des Schreibens besaßen. Warum werden dann die Kelten von der Mehrheit der Historiker und Archäologen noch immer als prähistorisch bezeichnet, ungeachtet der immer zahlreicher zutage tretenden Beweise dafür, daß sie ein Alphabet besaßen und des Schreibens kundig waren?

Wie Ogham in so vielen Teilen der Welt bekannt wurde und auf welchen Wegen es sich von Land zu Land, von Kontinent zu Kontinent ausbreitete, ist uns in gewissem Maße immer noch ein Rätsel. Die bereits genannten und auch andere Autoren haben schon etliche faszinierende Theorien entwickelt, aber der ganze Zusammenhang dieser Geschichte muß sich erst noch entfalten. Es gibt noch viel aufregende Forschungsarbeit zu leisten.

LITERATURHINWEISE

Calder, George (Hrsg.): *Auraicept na n-Éces, The Scholar's Primer*, John Grant, Edinburgh 1917

Carmichael, Alexander: *Carmina Gadelica,* Scottish Academic Press, Edinburgh 1972

Dexter, Warren W.: *Ogam Consaine and Tifinag Alphabets,* Academy Books, Rutland VT 1984

Fell, Barry: *Bronze Age America,* Little, Brown; Boston/Toronto 1982

Graves, Robert: *The White Goddess,* Faber & Faber, London 1971 (dt. u. d.T. Ranke-Graves: Die weiße Göttin, Rowohlt, Reinbek 1985

Graves, Robert: *The Crane Bag and Other Disputed Subjects,* Cassell, London 1970

Hill Elder, Isabel: *Celt, Druid and Culdee,* Covenant, London 1973

Hole, Christina: *A Dictionary of British Folk Customs,* Paladin, London 1984

Larousse Encyclopedia of Mythology, Batchworth Press, London 1959

Löpelmann, Martin: *Keltische Sagen aus Irland,* Diederichs, München 1988

Merry, Eleanor C.: *The Flaming Door,* Floris Books, Edinburgh 1983

O'Boyle, Sean: *Ogam the Poet's Secret,* Gilbert Dalton, Dublin 1980

Ross, Anne: *Pagan Celtic Britain,* Cardinal, London 1974

Spence, Lewis: *The History and Origins of Druidism*, Aquarian Press, London 1971

Spence, Lewis: *The Magic Arts in Celtic Britain,* Aquarian Press, London 1970

Squire, Charles: *Celtic Myth and Legend,* Newcastle Publishing Co. Inc., Hollywood CA 1975

Wilks, J. H.: *Trees of the British Isles in History and Legend,* Muller, London 1972

Das keltische Baum-Alphabet

Abgebildet sind hier die fünf Gruppen von Buchstaben, die das Ogham- oder Beth-Luis-Nuin-Alphabet bilden, zusammen mit der Kurzfassung ihrer Bedeutung, wie sie von Colin Murray interpretiert wurde.

B — BEITH/BIRKE ein neuer Anfang und Beginn, Reinigung. ERSTER MONAT: NOVEMBER — Seite 28

L — LUIS/EBERESCHE Schutz vor Zauberei, Kontrolle über alle Sinne. ZWEITER MONAT: DEZEMBER — Seite 30

F — FEARN/ERLE orakelhaft und schützend. DRITTER MONAT: JANUAR — Seite 32

S — SAILLE/WEIDE Nachtvision, Mondrhythmen, weibliche Aspekte. VIERTER MONAT: FEBRUAR — Seite 34

N — NUIN/ESCHE innere/äußere Welten verbunden, Makrokosmos und Mikrokosmos. FÜNFTER MONAT: MÄRZ — Seite 36

H — HUATHE/WEISSDORN reinigend, Schutz. SECHSTER MONAT: APRIL — Seite 38

D — DUIR/EICHE massiver Schutz, Tor zu Mysterien, Stärke. SIEBTER MONAT: MAI — Seite 40

T — TINNE/STECHPALME Bester im Kampf. ACHTER MONAT: JUNI — Seite 42

C — COLL/HASELSTRAUCH Intuition, geradewegs zur Quelle. NEUNTER MONAT: JULI — Seite 44

Q — QUERT/APFEL Auswahl von Schönem — Seite 46